2011年国家社会科学基金一般项目（11BMZ045）、2021年湖北省民宗委委托项目（HSY21011）、2023年中南民族大学中央高校基本科研业务费专项项目（CSZ23012）资助出版

农民增收问题与公共财政支持研究

——以武陵山区为例

叶慧 著

WUHAN UNIVERSITY PRESS
武汉大学出版社

图书在版编目(CIP)数据

农民增收问题与公共财政支持研究:以武陵山区为例/叶慧著.—武汉:武汉大学出版社,2023.6
ISBN 978-7-307-23716-2

Ⅰ.农… Ⅱ.叶… Ⅲ.山区—农民收入—收入增长—关系—财政支农—研究—西南地区 Ⅳ.①F323.8 ②F812.2

中国国家版本馆 CIP 数据核字(2023)第 067637 号

责任编辑:聂勇军 责任校对:鄢春梅 版式设计:马 佳

出版发行:**武汉大学出版社** (430072 武昌 珞珈山)
(电子邮箱:cbs22@whu.edu.cn 网址:www.wdp.com.cn)
印刷:武汉邮科印务有限公司
开本:720×1000 1/16 印张:13.75 字数:202 千字 插页:2
版次:2023 年 6 月第 1 版 2023 年 6 月第 1 次印刷
ISBN 978-7-307-23716-2 定价:48.00 元

前　言

　　农村居民是新时代我国乡村振兴的主体，乡村振兴首先是要实现农民增收，由于第一产业的基础性和弱质性，实现农民增收一方面需要提高农民生计资本，另一方面需要公共财政及相关政策支持。武陵山区位于湖北、湖南、重庆和贵州的交界之处，这里山多地少、石漠化现象突出，这里离省会城市、经济发达城市距离远，这里人口流出多、流入少，这里基础设施和基本公共服务建设成本高、发展相对滞后，这里大多数地区在2020年刚刚全面脱贫。无论是自然资本、社会资本，抑或人力资本、物质资本和金融资本，武陵山区都相对匮乏，但这里的人勤劳勇敢，在八年精准扶贫脱贫攻坚战中，在新冠肺炎疫情防控阻击阶段，该地农民收入增长速度均高于全国平均速度。

　　为研究自2012年以来武陵山区农民收入增长情况及公共财政支持的经验做法，本书在2011年国家社会科学基金一般项目"少数民族地区农民增收问题与公共财政支持研究"、2021年湖北省民宗委委托项目"湖北省民族地区统计数据监测"和2023年中南民族大学中央高校基本科研业务费专项项目（CSZ23012）的基础上完成了撰写。本书主要内容为：一是以现实问题为导向，探究我国及武陵山区农民收入增长状况；二是以可持续生计理论为基础，系统地探究公共财政与武陵山区农民增收的关系；三是以定量模型为工具，实证探究公共财政对农民各类收入增长的影响效应；四是以巩固脱贫为根本，调查全面建成小康社会后农民增收情况与巩固脱贫攻坚情况；五是以经典案例为特色，梳理武陵山区公共财政支持农民增收的经验

1

模式；六是以理论联系实践为建树，构建促进武陵山区农民增收的公共财政支持体系。

　　本书可供政府有关管理部门工作人员、科研院所研究人员以及高等院校相关专业的师生参考。

目　　录

lfflflflf

第一章　我国农民收入增长问题探究

第一节　研究问题的提出

我国政府一向关注农民增收问题，2004年、2008年和2009年均发布以农民增收为主题的中央一号文件，2010年的中央经济工作会议提出要帮助农村群众寻找到新的收入增长点，2011年全国农村农业工作目标锁定"农民增收"，2015年中央一号文件提出要围绕促进农民增收，加大惠农政策力度，2016年我国将产业融合发展与农民收入增长相结合，提出要增强内生发展机制，2020年完成全面脱贫攻坚任务后，更是强调了要做好"三农"工作，接续全面推进乡村振兴，确保农业稳产增产、农民稳步增收。武陵山区是我国革命老区、脱贫地区和民族地区，是当前我国农民增收工作的重点和示范区域。促进武陵山区农民加快增收，无论对于宏观层面的地区经济发展、民族团结和社会安定，抑或对于微观层面的增强内生动力、改善民生，均具有重要的现实意义。同时，武陵山区农民增收模式对于同类型集中连片脱贫山区而言，还具有典型示范效应。

近年来，国内外关于农民增收的研究大多集中在农户生计资本（包括自然资本、人力资本、物质资本、金融资本和社会资本）与政策体制环境这两个内、外生变量对发展中国家或欠发达地区的农民收入的影响上（Benjamin

Davis，2010①；Kashiwa Chiba，2013②；Jiliao Zheng，2013③；Ming Ming Sua，2019④；崔奇峰，2014⑤；丁忠民，2017⑥；张海霞，2020⑦；何宜庆，2022⑧）。基于此框架，国内外学者提出的政策建议大致包括直接增加农民收入的财政支持政策（例如农业补贴、农村最低生活保障等），以及增强生计资本以间接促进农民增收的财政政策（例如政府增加教育投资、支持产业发展、建立经济合作组织等）等方面。

根据时代背景和前期研究，本书提出以下四个问题：一是武陵山区农民收入增长规律是怎样的，相对于全国平均速度，是否存在超常规增长？二是农民收入由经营净收入、工资性收入、财产净收入、转移净收入组成，那么影响农民不同收入来源的公共政策有哪些？三是农民生计资本、农民收入、公共财政政策之间的关系究竟是怎样的？公共财政政策如何增强农民生计资本，间接促进其收入增长？四是参考中央和地方各级政府政策，促进武陵山区农民增收的公共财政及相关支持政策有哪些？

武陵山区是以武陵山脉为地理中心，依据《武陵山片区区域发展与扶

① Benjamin Davis. A Cross-Country Comparison of Rural Income Generating Activities[J]. World Development，2010，38(1)：48-63.

② Kashiwa Chiba. Impact of Farmer Field Schools on Agricultural Income and Skills[J]. Journal of International Development，2013，25(1)：71.

③ Jiliao Zheng, Huiqing Liu. Increased Farmer Income Evidenced by a New Multifunctional Actor Network in China[J]. Agronomy for Sustainable Development，2013，34(1)：18.

④ Ming Ming Sua, Geoffrey Wallb, Yanan Wangc, et al. Livelihood Sustainability in a Rural Tourism Destination-Hetu Town，Anhui Province，China[J]. Tourism Management，2019，71(1)：45-47.

⑤ 崔奇峰，周宁，等. 粮农综合补贴对农户种粮积极性的影响分析——以内蒙古太仆寺旗种植业农户为例[J]. 农业经济，2014(1)：69-72.

⑥ 丁忠民，玉国华，等. 土地租赁、金融可得性与农民收入增长[J]. 农业技术经济，2017(4)：63-75.

⑦ 张海霞. 电子商务发展、非农就业转移与农民收入增长[J]. 贵州社会科学，2020(10)：126-134.

⑧ 何宜庆，熊子怡，等. 政府推动型返乡创业能否促进农民收入增长？——基于双重差分的经验评估[J]. 湖南农业大学学报(社会科学版)，2022，8(4)：1-14.

贫攻坚规划(2011—2020 年)》的划定,包括湖南、湖北、重庆、贵州四省市交界地区的 71 个县(市、区),其中,湖北省宜昌市 3 个、湖北省恩施土家族苗族自治州(简称恩施州)8 个、湖南省邵阳市 8 个、湖南省常德市 1 个、湖南省张家界市 4 个、湖南省益阳市 1 个、湖南省怀化市 12 个、湖南省娄底市 3 个、湖南省湘西土家族苗族自治州(简称湘西州)8 个、重庆市 7 个、贵州省遵义市 6 个、贵州省铜仁市 10 个。武陵山区总面积为17.18 万平方公里。从地势上看,武陵山区是我国第二级阶梯向第三级阶梯过渡的地带;从文化分区看,是中原文化与西南少数民族文化的交汇地;从现实状况看,是我国中西接合部、发达地区与欠发达地区的分水岭,也是当前西部大开发的最东缘和中部崛起的最西缘。① 武陵山区山同脉、水同源、树同根、人同宗、民同俗,各族群众交流交往交融广泛深入,共同建设共有精神家园。2020 年末常住总人口 29834566 人,城镇化率 46.32%。② 根据《武陵山片区区域发展与扶贫攻坚规划(2011—2020年)》,武陵山片区是"扶贫攻坚示范区""跨省协作创新区""民族团结模范区""国际知名生态文化旅游区""长江流域重要生态屏障"。武陵山区是我国中西部山区的一个缩影,推动农民增收是实现武陵山区巩固拓展脱贫攻坚成果、全面推进乡村振兴的迫切需要,对其进行理论和实证研究,可以为上述四个问题的解决提供思路和方案。

　　基于此,本书以武陵山区为研究对象,以可持续生计框架为理论基础,集中研究直接和间接促进农民增收的公共财政政策,其研究成果对充实公共财政支持农民增收的研究文献具有理论意义,对加快推进武陵山区巩固脱贫攻坚成果、全面推进乡村振兴具有现实意义,对推动我国中西部山区发展同样具有借鉴意义。

---

① 黄柏权. 费孝通先生与"武陵民族走廊"研究[J]. 中南民族大学学报(人文社会科学版),2010,30(4):12-17.

② 根据《中国人口普查分县资料 2020》,对武陵山区 71 个县(市、区)人口情况进行统计得出。

第二节 我国农民收入增长状况

一、我国农民收入增长的时序问题

2012 年及以前年份，我国的住户调查一直分城乡分别开展，城镇调查城镇居民可支配收入，农村调查农村居民纯收入。由于分别调查，农村与城镇居民收入、支出等指标的统计口径有所不同，数据也不完全可比。根据我国国家统计局的定义，居民可支配收入指居民可用于最终消费支出和储蓄的总和，即居民可用于自由支配的收入，既包括现金收入，也包括实物收入。① 本书在采用国家统计局、地方统计局等政府统计部门公布的数据进行分析时，"农民收入"的概念均按照国家统计局的概念来定义。其中，"农民收入"2012 年及以前年份用"农村居民人均纯收入"指标数据，收入来源包括家庭经营收入、工资性收入、财产性收入和转移性收入四类。2013 年至今用"农村居民可支配收入"指标数据，按照收入的来源，可支配收入包含四项，分别为：工资性收入、经营净收入、财产净收入和转移净收入。② 改革开放以来，我国农民收入增长态势大致可分为五个阶段，具体见图 1-1。

（1）1979—1987 年的农民收入超常规增长阶段。由于刚刚实施的家庭联产承包责任制使得农民生产积极性大大提高，再加上 1982 年至 1986 年中共中央连续五年发布以农业、农村和农民为主题的相关文件，对农村改革和农业发展做出具体部署，这一阶段农民收入年均增长速度达到 14.8%，高于 12.9% 的国内生产总值增长速度，更高于城镇居民 10.6% 的人均可支配收入增长速度。

（2）1988—1996 年的农民收入快速增长阶段。在国家实施农产品价格

---

① http://www.stats.gov.cn/tjsj/zbjs/201912/t20191202_1713055.html.

② http://www.stats.gov.cn/tjsj/ndsj/2021/indexch.htm.

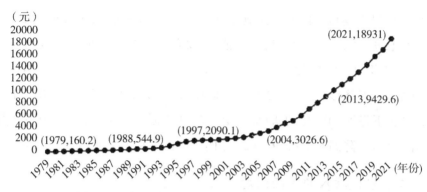

图 1-1　历年我国农村居民可支配收入（1979—2021 年）

注：摘编自《中国农村统计年鉴 2021》。其中，2013—2021 年农村居民人均可支配收入来源于住户收支与生活状况调查，1978—2012 年数据根据历史数据按照新口径推算获得。

保护、多次大幅度提高农产品收购价格的措施保障下，在农村非农产业蓬勃发展的促发下，这一阶段农民收入年均增长 15.1%，但低于 18.8% 的国内生产总值增长速度，更低于城镇居民 17% 的人均可支配收入增长速度。

（3）1997—2003 年的农民收入增长停滞阶段。受亚洲金融危机等多重因素影响，我国经济改革重点由农村转向城市，农业增产不增收，农民收入在缓慢增长后陷入停滞。这一阶段农民收入年均增长仅为 3.7%，不仅低于 8.1% 的国内生产总值增长速度，更低于城镇居民 7.2% 的人均可支配收入增长速度。

（4）2004—2012 年的农民收入加速增长阶段。在国内外农产品市场供求关系变化、中央连续 9 年惠农支农的一号政策出台等内外因素影响下，农民收入由停滞转向加速增长阶段，这一阶段农民收入年均增长 12%，高于城镇居民 11% 的人均可支配收入增长速度，但低于 14.3% 的国内生产总值增长速度。

（5）2013—2021 年的农民收入稳定增长阶段。党的十八大以来，脱贫攻坚作为全面建成小康社会的底线任务，被摆在治国理政的突出位置，我国以前所未有的力度推进脱贫攻坚工作，使广大农村居民普遍受益。2021

年农村居民人均可支配收入达到 18931 元，是 2013 年 9429.6 元的 2 倍，年均增长 9.1%，高于国内生产总值 7.6% 的增长速度，更高于城镇居民 6.7% 的人均可支配收入增长速度，农民收入水平有了较大提高。但是，受国内外复杂经济形势影响，农民收入同比增长速度整体下降，从 2013 年的 12.4%，下降到 2019 年的 9.6%，受 2020 年新冠肺炎疫情影响，2020 年收入增长速度下降到 6.9%，但 2021 年同比增长速度又达到 10.5%。

二、农民收入的差距问题

(一)区域差距

本书收集 2013—2021 年我国 31 个省、自治区、直辖市(不含港澳台)农村居民人均可支配收入数据，并计算衡量区域极端点差距的全距、衡量绝对差距的标准差、衡量相对差距的变异系数，以作全面分析。

根据表 1-1，从全距指标来看，历年全距值均大于平均值，可见我国收入最高的省份和收入最低的省份农民收入差距很大。2013 年收入最高的上海市(19595 元)比收入最低的甘肃省(5108 元)多出 14487 元，2021 年收入最高的仍然是上海市(38521 元)，比收入最低的甘肃省(11433 元)多出 27088 元。尽管全距很大，但收入高的省级单位并不多，大多数的省份收入还比较低。2013 年农民收入超过 1 万元的有 9 个地区(上海、北京、浙江、天津、江苏、广东、福建、山东、辽宁)，高于全国 8896 元平均水平的有 12 个地区。2021 年农民收入超过 2 万元的也只有 8 个地区(上海、浙江、北京、天津、江苏、福建、广东、山东)，高于全国 18931 元平均水平的只有 9 个地区，其余 22 个省份均低于此。由此说明，区域间农村居民收入差距体现在收入高的省份群体和收入低的省份群体之间。从标准差和变异系数来看，该地区区域内差距在持续扩大，标准差从 2013 年的 3660 元扩大到 2021 年的 6414 元。但剔除物价上涨的因素，变异系数一直稳定在 0.31~0.39。由此说明，2013 年以来我国农民收入稳定增长具有区域一致性特点。

表 1-1 全国各省、自治区、直辖市农村居民人均可支配收入差距统计

年份	平均值 （元）	最小值 （元）	最大值 （元）	全距 （元）	标准差 （元）	变异 系数
2013	9539	5108	19595	14487	3660	0.384
2014	10904	6277	21192	14915	3728	0.342
2015	11877	6936	23205	16269	4054	0.341
2016	12878	7457	25520	18064	4424	0.344
2017	14000	8076	27825	19749	4807	0.343
2018	15228	8804	30375	21571	5214	0.342
2019	16678	9629	33195	23566	5645	0.338
2020	17814	10344	34911	24567	5834	0.327
2021	19698	11433	38521	27088	6414	0.326
总体	14291	5108	38521	33413	5819	0.407

注：原始数据来源于《中国统计年鉴 2022》，经笔者整理统计得出。

从经济带来看，各区域农村居民人均可支配收入存在明显差距，方差检验 F 值为 110.167，检验概率为 0。这种差距体现在东部与其他地区，尤其是东部与西部差距，SNK-q 检验见表 1-2。根据表 1-3，2013 年东部地区

表 1-2 农村居民收入 Student-Newman-Keuls-q 检验

经济带	样本量	子集		
		1	2	3
西部	108	10882		
中部	54		12930	
东北	27		13539	
东部	90			19424
检验概率		1	0.354	1

注：通过 IBM SPSS Statistics 统计软件得出。

表 1-3　四大经济带农村居民人均可支配收入的区间比较(元)

年份	全国	东部地区	中部地区	东北地区	西部地区
2013	9430	13440	8291	9926	6817
2014	10489	14828	9953	10808	8134
2015	11422	16163	10851	11493	8914
2016	12363	17561	11715	12279	9706
2017	13432	19095	12709	13121	10619
2018	14617	20738	13851	14069	11615
2019	16021	22613	15177	15342	12817
2020	17132	23938	16080	16562	13892
2021	18931	26440	17742	18249	15421

注:原始数据来源于历年《中国统计年鉴》,经笔者整理统计得出。

农民收入分别是中部、东北和西部地区的 1.62 倍、1.35 倍和 1.97 倍,
2021 年变为 1.49 倍、1.45 倍和 1.71 倍。由此可见,除了东部地区与东北
差距在拉大之外,东部与中西部地区的差距在缩小,脱贫攻坚工作极大缩
小了东西部农村居民的收入差距。

(二)城乡差距

根据图 1-2,进一步探讨我国城乡居民收入差距的变动趋势,可见
2013—2021 年我国城乡居民收入差距呈现逐年缩小态势,城乡居民人均可
支配收入比从 2013 年的 2.81 缩小到 2021 年的 2.5。这种变动和国家农业
农村政策、地区经济发展和城镇化发展等有紧密联系,尤其是党的十八大
以来的扶贫攻坚工作及乡村振兴战略实施,给农村经济打了一剂"强心
针",使得农村居民收入增长速度高于城镇居民。

以 2021 年为例,全国城乡居民收入比为 2.5:1。全国 31 个省(自治
区、直辖市)中有 7 个地区高于全国平均水平,其中甘肃和贵州两省城乡
收入比甚至超过 3 倍。这 7 个地区全部在我国西部地区,也是农村居民收

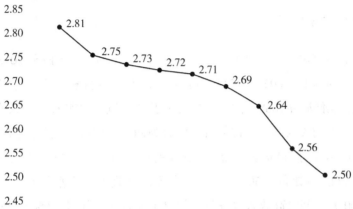

图 1-2 全国城乡居民收入比的比较（2013—2021 年）

注：原始数据来源于历年《中国统计年鉴》，经笔者整理统计得出。

入相对较低的地区，因此西部地区促进农民增收以巩固脱贫攻坚成果的任务还是较为繁重的。城乡居民收入比低于 2 倍的 3 个省有 2 个在东部地区，即浙江和天津。其中浙江省农村居民收入仅低于上海市，浙江在缩小城乡居民收入差距，实现共同富裕方面走在全国前列。具体情况详见表 1-4。

表 1-4 全国各省、自治区、直辖市城乡居民收入分布状况（2021 年）

城乡居民收入比	省（自治区、直辖市）名单
≥3	甘肃、贵州
2.5~3	云南、青海、陕西、西藏、宁夏
2~2.5	广东、北京、山西、湖南、内蒙古、新疆、重庆、四川、广西、安徽、山东、辽宁、江西、海南、湖北、福建、河北、江苏、上海、河南、吉林
<2	浙江、黑龙江、天津

注：城乡居民收入比=城市居民人均可支配收入/农村居民人均可支配收入。原始数据来源于《中国统计年鉴 2022》，经笔者整理统计得出。

(三)农户差距

根据中国家庭追踪调查(China Family Panel Studies，CFPS)2018 年的数据，本书对全国 6602 个农村家庭人均收入进行分析，得出平均值为 13127 元，标准差为 18885 元，标准差大于平均值，说明农民收入有一定差距。根据人均收入的四分位数将家庭分为四类，则收入最低的前 25% 的家庭平均收入低于 4458 元，25%～50% 的中等偏低收入家庭平均收入在 4458 元与 8667 元之间，50%～75% 的中等偏高收入家庭平均收入在 8667 元与 15000 元之间，高收入家庭收入超过 1.5 万元。同时，6602 个农村家庭人均支出的差距也比较大，平均值为 9617 元，标准差为 16055 元，标准差大于平均值。将人均支出由低到高排列并将家庭相应分为四类，则最低的前 25% 的家庭人均支出低于 3333 元，25%～50% 的家庭支出在 3333 元与 6000 元之间，50%～75% 的家庭人均支出在 6000 元与 10000 元之间，高支出家庭超过 10000 元(图 1-3)。

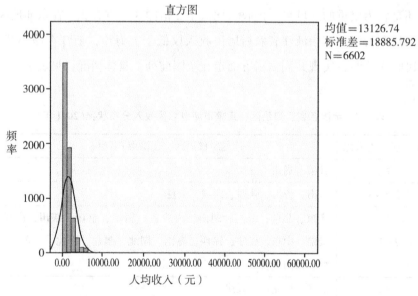

图 1-3 农村家庭人均收入的直方图

注：通过 IBM SPSS Statistics 统计软件得出。

三、农民收入的来源结构问题

农村居民人均可支配收入来源于工资性收入、经营净收入、财产净收入和转移净收入4项。① 农村非农产业的发展和人口流动加快使我国农民收入来源结构发生较大变化,即从经营净收入为主转为以工资性收入为主。

一是工资性收入快速增长且比重最大。工资性收入指就业人员通过各种途径得到的全部劳动报酬和各种福利,包括受雇于单位或个人、从事各种自由职业、兼职和零星劳动得到的全部劳动报酬和福利。② 我国农村居民工资性收入从2013年的3653元增加到2021年的7958元,年均增长10.2%,工资性收入由占农村家庭人均可支配收入的38.7%提高到2021年的42%。从2015年开始,工资性收入成为最大收入来源,除了农村居民自身条件增强和外出务工意愿提高之外,政府也给予了多方面支持,如加强农村居民劳动技能培训、支持就地就近就业等,全力扩大农村居民工资性收入。

二是经营净收入缓慢增长且比重下降。经营净收入指住户或住户成员从事生产经营活动所获得的净收入,是全部经营收入中扣除经营费用、生产性固定资产折旧和生产税之后得到的净收入。计算公式为:经营净收入=经营收入-经营费用-生产性固定资产折旧-生产税。③ 我国农村居民经营净收入从2013年的3935元增加到2021年的6566元,年均增长6.6%,但增长速度低于其他类型收入增长,经营净收入从2013年占农村家庭人均可支配收入的41.7%下降到2021年的34.7%。由于第一产业收入是经营净收入的主要来源,务农收入增长相对缓慢,导致务农人口减少,从而带来我国粮食安全的隐患。这需要大力推动农业产业提质增效,挖掘特色产业潜力,以促进经营净收入加快增长。

三是财产净收入增速最快且比重提高。财产净收入指住户或住户成员

---

① http://www.stats.gov.cn/zsk/snapshoot? reference = e1e8dcf8-1481-4aa0-a572-8d92448cb8ad&index = resource_data&qt = %E5%86%9C%E6%B0%91%E6%94%B6%E5%85%A5&siteCode = tjzsk.

② http://www.stats.gov.cn/tjsj/ndsj/2015/html/zb06.htm.

③ http://www.stats.gov.cn/tjsj/ndsj/2015/html/zb06.htm.

将其所拥有的金融资产、住房等非金融资产和自然资源交由其他机构单位、住户或个人支配而获得的回报并扣除相关的费用之后得到的净收入。财产净收入包括利息净收入、红利收入、储蓄性保险净收益、转让承包土地经营权租金净收入、出租房屋净收入、出租其他资产净收入和自有住房折算净租金等。财产净收入不包括转让资产所有权的溢价所得。① 我国农村居民财产净收入从 2013 年的 195 元增加到 2021 年的 469 元，年均增长 11.6%，由占农村家庭人均可支配收入的 2.1% 提高到 2021 年的 2.5%。2016 年以来，我国稳步推进农村集体产权改革，在确认农村集体经济组织成员身份，全面开展农村集体资产清产核资的基础上，以抓紧抓实土地承包经营权确权登记颁证工作为重点,② 对土地等资源性资产实行物权保护；对经营性资产，将资产以股份或份额形式量化到本集体经济组织成员手中，更好地保障农民的收益分配权，发展多种形式的股份合作，使得农民财产净收入持续增加。

四是转移净收入快速增长且比重提高。转移净收入是转移性收入与转移性支出的差值。转移性收入指国家、单位、社会团体对住户的各种经常性转移支付和住户之间的经常性收入转移。包括养老金或退休金、社会救济和补助、政策性生产补贴、政策性生活补贴、救灾款、经常性捐赠和赔偿、报销医疗费、住户之间的赡养收入、本住户非常住成员寄回带回的收入等。转移性收入不包括住户之间的实物馈赠。转移性支出指调查户对国家、单位、住户或个人的经常性或义务性转移支付。包括缴纳的税款、各项社会保障支出、赡养支出、经常性捐赠和赔偿支出以及其他经常性转移支出等。③ 我国农村居民转移净收入从 2013 年的 1648 元增加到 2021 年的 3937 元，年均增长 11.5%，由占农村家庭人均可支配收入的 17.5% 提高到 2021 年的 20.8%(表 1-5)。转移净收入的增加与国家惠农政策和扶贫政策

① http://www.stats.gov.cn/tjsj/ndsj/2015/html/zb06.htm.

② 中共中央，国务院. 关于加大改革创新力度 加快农业现代化建设的若干意见[EB/OL]. (2015-02-01). http://www.gov.cn/zhengce/2015-02-01/content_2813034.htm.

③ http://www.stats.gov.cn/tjsj/ndsj/2015/html/zb06.htm.

有很大关系，一是政府不断加大农业补贴，包括实施农业支持保护补贴、农机购置补贴政策、低毒生物农药示范补助试点、畜牧良种补贴、草原生态保护补助、退耕还林还草补助等；二是不断提高民生保障力度，持续多年提高基本养老保险、最低生活保障、残疾人补助等；三是扶贫攻坚以来社会捐赠持续增加，低收入农户转移净收入来源得到保障。

表 1-5　农村居民人均可支配收入各项比例（2013—2021）

年份	工资性收入	经营净收入	财产净收入	转移净收入
2013	0.387	0.417	0.021	0.175
2014	0.396	0.404	0.021	0.179
2015	0.403	0.394	0.022	0.181
2016	0.406	0.383	0.022	0.188
2017	0.409	0.374	0.023	0.194
2018	0.410	0.367	0.023	0.200
2019	0.411	0.360	0.024	0.206
2020	0.407	0.355	0.024	0.214
2021	0.420	0.347	0.025	0.208

注：原始数据来源于历年《中国统计年鉴》，经笔者整理统计得出。

根据表 1-6，我国各地区农村居民收入来源存在较大区域差距。首先，第一收入来源存在差距。工资性收入是第一大收入来源的地区有 16 个，其中北京、上海、浙江、广东、天津、河北、山东 7 个地区农村居民收入超过一半的是工资性收入。这些地区主要为我国东部地区，二、三产业发达且对劳动力需求较多，农村居民外出务工渠道广阔，工资性收入是家庭最主要的收入来源。经营净收入来源比较多的是东北和西部地区，尤其是吉林、内蒙古、黑龙江、云南、新疆、辽宁 6 个地区农村居民收入有 45% 来源于家庭经营收入。东北地区是我国最重要的商品粮基地，第一产业收入是东北农民最重要的收入来源。西部地区非农产业发展相对缓慢，特色农业是西部农民收入的重要来源，主要体现在特色农产品生产、特色农产品加工和特色观光农业发展方面。其次，财产净收入差距较大。北京、天津、上海及黑龙江省农村居民财产净收入超过人均 1000 元，其中北京达到人均 3443 元，占可支配收入的 10.3%。这与农村居民财富较多有关，也与农村集体产权改革较早有关。最后，转移净收入差距较大。重庆、河南、山西、四川、贵州、陕西、安徽、上海 8 个地区农村居民有 1/4 的收入来源于转移净收入。上海农村居民转移净收入达到 9859 元，江苏为 5710 元，重庆为 5157 元。这说明这些地方扣除社会保障支出后的养老金或离退休金、赡养收入、家庭外出从业人员寄回带回的收入较多。

表 1-6　中国 2021 年分地区农村居民人均可支配收入来源统计

地区	工资性收入比例	经营净收入比例	财产净收入比例	转移净收入比例
全国	0.420	0.347	0.025	0.208
北京	0.704	0.056	0.103	0.137
天津	0.563	0.220	0.046	0.170
河北	0.522	0.331	0.021	0.125
山西	0.448	0.259	0.014	0.279
内蒙古	0.196	0.544	0.026	0.233
辽宁	0.370	0.451	0.021	0.158
吉林	0.244	0.576	0.022	0.158
黑龙江	0.186	0.523	0.062	0.229
上海	0.648	0.063	0.033	0.256
江苏	0.489	0.262	0.035	0.213
浙江	0.608	0.242	0.031	0.119

地区	工资性收入比例	经营净收入比例	财产净收入比例	转移净收入比例
安徽	0.347	0.370	0.021	0.262
福建	0.453	0.370	0.020	0.158
江西	0.443	0.323	0.018	0.215
山东	0.502	0.340	0.024	0.135
河南	0.382	0.320	0.014	0.284
湖北	0.326	0.414	0.014	0.247
湖南	0.392	0.357	0.014	0.237
广东	0.572	0.244	0.036	0.148
广西	0.338	0.391	0.024	0.248
海南	0.417	0.391	0.014	0.177
重庆	0.353	0.338	0.025	0.285
四川	0.314	0.378	0.033	0.274
贵州	0.415	0.304	0.010	0.271
云南	0.331	0.484	0.015	0.170
西藏	0.359	0.435	0.045	0.160
陕西	0.414	0.301	0.017	0.269
甘肃	0.292	0.448	0.013	0.247
青海	0.353	0.390	0.028	0.230
宁夏	0.371	0.400	0.023	0.206
新疆	0.302	0.468	0.023	0.207

注：原始数据来源于历年《中国统计年鉴》，经笔者整理统计得出。

第三节　武陵山区农民收入增长状况

一、武陵山区农民收入增长的时序问题

为进一步探究武陵山区农民收入时序增长的特征，课题组试图将研究时间拉回到改革开放之初。① 由于课题组无法完整收集到1979年以来武陵山区分地区的农民收入和乡村人口统计数据，因此只能以武陵山区所在的四个地级市(州、区)为例，探究改革开放以来该地区农民收入发展特征。研究发现武陵山区农民收入年度增长规律与全国类似，大致可分为1979—1987年的农民收入超常规增长阶段、1988—1996年的农民收入快速增长阶段、1997—2003年的农民收入增长停滞阶段、2004—2012年的农民收入加速增长阶段、2013—2021年的农民收入稳定增长阶段。增长轨迹如图1-4所示。

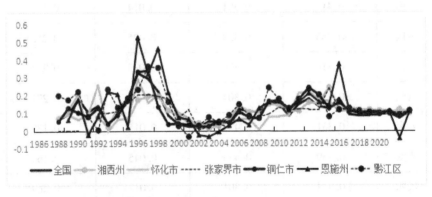

图1-4　武陵山区所在主要地区农民收入增长率(1979—2021年)

注：(1)2012年及以前收入为农村居民人均纯收入，2013—2021年收入为农村居民人均可支配收入。数据来源于《湖北统计年鉴》《湖南统计年鉴》《贵州统计年鉴》《重庆统计年鉴》和各地级市(州、区)统计年鉴、统计公报。(2)全国农民收入年度增长率与湘西州增长率的相关系数为0.641，与怀化市增长率的相关系数为0.639，与张家界市增长率的相关系数为0.675，与铜仁市增长率的相关系数为0.901，与恩施州增长率的相关系数为0.754，与黔江区增长率的相关系数为0.695。

---

① 由于经济体制的不同，改革开放以前的数据不具有对比价值。

党的十八大以来，农村居民有了更稳定的工作、更满意的收入、更好的医疗卫生条件、更优质的生活环境。农村绝对贫困人口清零，农民生产、生活水平不断得到提升。整体来看，武陵山区农民收入增长阶段性波动较大，近年呈缓慢增长态势。根据图 1-5，2021 年该地区农村居民人均可支配收入①达到 14176 元，是 2013 年 6314 元的 2.2 倍，年均增长 10.7%，高于武陵山区城镇居民 8.38% 的增长速度，高于地区生产总值 9%

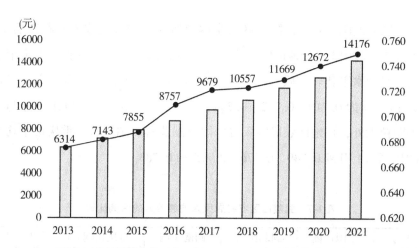

图 1-5　武陵山区农村居民人均可支配收入增长轨迹（2013—2021 年）

注：农村居民人均可支配收入根据武陵山区 71 个县（市、区）收入和人口资料汇总得到。原始数据来源于《湖北统计年鉴》《湖南统计年鉴》《贵州统计年鉴》《重庆统计年鉴》及 71 县（市、区）所在地级市（州、区）统计年鉴和 71 县（市、区）统计公报，经笔者整理统计得出，以下不再赘述。

_____

① 武陵山区农民收入 = $\sum$（各地区农村居民人均可支配收入×各地区乡村人口数）/ $\sum$（各地区乡村人口数），由于各县（市、区）人口统计有的是常住人口，有的是户籍人口，为保持各地区人口指标统计口径的一致，2013—2015 年人口数据采用 2010 年全国人口普查分县数据，2016—2021 年采用 2020 年全国人口普查分县数据。

的增长率,该地区农民收入水平有了较大提高。同时,该地区2013年的农民收入是全国平均水平的67%,到了2021年持续提高到全国的74%,武陵山区农民收入与全国相比呈加速增长态势。

二、武陵山区农民收入增长的区域问题

(一)区域间差距:对外差距缩小

从区域差距上看,武陵山区与全国及所在省的农民收入差距在缩小。根据表1-7,2013年该地区农民收入与全国、湖北省、湖南省、重庆市和贵州省平均水平比较,收入比(以全国、湖北省、湖南省、重庆市和贵州省为1)分别为0.710、0.712、0.754、0.758和1.162。到2021年除与贵州差距拉大外,该地区农民收入占全国及湖北省、湖南省、重庆市平均收入的比例均上升到0.749、0.776、0.775和0.783。

表1-7 武陵山区农村居民人均纯收入的区间比较

年份	全国比例	湖北比例	湖南比例	重庆比例	贵州比例
2013	0.710	0.712	0.754	0.758	1.162
2014	0.681	0.658	0.710	0.753	1.071
2015	0.688	0.663	0.715	0.748	1.063
2016	0.708	0.688	0.734	0.758	1.082
2017	0.721	0.701	0.748	0.766	1.091
2018	0.722	0.705	0.749	0.766	1.087
2019	0.728	0.712	0.758	0.771	1.085
2020	0.740	0.777	0.764	0.774	1.088
2021	0.749	0.776	0.775	0.783	1.103

注:计算公式是武陵山区71个县(市、区)的农村居民人均可支配收入与全国及湖北、湖南、重庆、贵州同期收入的比值。

不仅收入绝对值低,武陵山区71个县(市、区)农民收入在所在省的

排名也较低。根据《湖北统计年鉴》，2021年在湖北省78个县(市、区)的农村居民人均可支配收入排名中，湖北武陵山区的11个县(市、区)全部排在后1/4的位置。其中，鹤峰排第60位，恩施排第63位，秭归排第65位，长阳排第66位，咸丰排第68位，利川排第69位，建始排第70位，五峰排第71位，巴东排第72位，宣恩排第73位，来凤排第74位。根据《湖南统计年鉴》，在湖南省的14个地级市(州)排名中，2021年湘西州、张家界市和怀化市农民收入也排在最后三位。

(二)城乡差距：趋于缩小

由于农民收入近年来保持相对较快的增长态势，从而导致武陵山区城乡居民收入差距不断缩小，且城乡收入比值略小于全国城乡差距。2013年武陵山区城乡居民收入比为2.77，全国为2.81；2021年武陵山区为2.35，全国为2.5。从71个县(市、区)来看，以2021年为例，武陵山区有50个县(市、区)城乡收入差距低于全国，有49个县(市、区)城乡收入差距低于所在省级单位，甚至余庆县城乡居民收入差距仅为1.51。具体情况详见表1-8。

表1-8　武陵山区71个县(市、区)城乡居民收入分布状况(2021年)

城乡居民收入比	县(市、区)名单
≥3	德江县、万山区、思南县、印江县、江口县
2.5~3	沿河县、石阡县、务川县、道真县、秀山县、正安县、恩施市、黔江区、利川市、武隆县、酉阳县、吉首市、城步县、巴东县、永定区、来凤县
2~2.5	长阳县、彭水县、泸溪县、花垣县、建始县、玉屏县、凤冈县、宣恩县、秭归县、咸丰县、麻阳县、芷江县、新宁县、碧江区、石柱县、五峰县、古丈县、永顺县、通道县、鹤峰县、湄潭县、洞口县、丰都县、绥宁县、新邵县、邵阳县、中方县、新化县、凤凰县、隆回县、新晃县、沅陵县、辰溪县、龙山县、武陵源区、保靖县、慈利县、靖州县、涟源市、鹤城区

续表

城乡居民收入比	县(市、区)名单
<2	会同县、武冈市、洪江市、石门县、松桃县、安化县、溆浦县、桑植县、冷水江市、余庆县

注：城乡居民收入比=城市居民人均可支配收入/农村居民人均可支配收入。

现以湖北省恩施土家族苗族自治州为例，进一步探讨武陵山区城乡居民收入差距的变动趋势。根据图 1-6，1981—2021 年恩施州城乡居民收入比变动非常大。1981—1994 年呈快速上升趋势，1995—1998 年呈快速下降态势，1999—2003 年呈缓慢上升态势，2004—2012 年基本呈缓慢下降态势，2013—2021 年呈快速下降态势，2014 年之后与全国城乡收入比接近。这种变动和国家农业农村政策、自然气候变化、地区经济发展等有紧密联系，尤其是 2013 年后多个关于农业农村发展的重大战略、重大政策和重大工程的颁布和实施，给农村经济打了一剂"强心针"，并打破了 1997—2003年农民收入增长停滞的困局。另外，可以看到，恩施州城乡居民收入比的

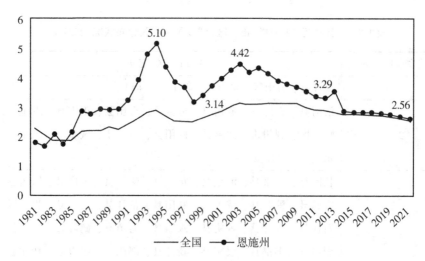

图 1-6　全国和湖北恩施州城乡居民收入比比较(1981—2021 年)

注：原始数据来源于历年《中国统计年鉴》《恩施州统计年鉴》，经笔者整理统计得出。

变动与全国的变动基本一致，但是恩施州的变动幅度远超全国，这可能与恩施州农民收入增长波动太大有关。

(三)区域内差距：对内分配基本平均

本书首先收集 2013—2021 年武陵山区 71 个县(市、区)的农村居民人均可支配收入数据，然后，计算衡量区域极端点差距的全距、衡量绝对差距的标准差、衡量相对差距的变异系数。

根据表 1-9，从全距指标来看，武陵山区收入最高的县和收入最低的县的农民差距很大。2013 年收入最高的湖南冷水江市(15407 元)比收入最低的湖南古丈县(4127 元)多出 11280 元，2021 年收入最高的湖南冷水江市(25680 元)比收入最低的湖南安化县(10880 元)多出 14800 元。尽管全距很大，但收入高的县市并不多，大多数的县市收入还比较低。2013 年农民收入超过全国平均收入(8896 元)的只有冷水江市，其余 70 个县(市、区)均低于全国平均水平。2021 年农民收入超过全国平均收入(18931 元)的也只有 2 个县(冷水江市、鹤城区)。由此可看出，该地区农民收入水平具有区域一致性特点。

根据表 1-9，从标准差和变异系数来看，该地区区域内差距在持续缩小。虽然标准差从 2013 年的 1501 元扩大到 2021 年的 2363 元，但剔除物价上涨的因素，变异系数从 0.246 缩小到 0.169。由此说明，2013 年以来该地区县市之间的农民收入差距没有明显拉大。

表 1-9　71 个县(市、区)农村居民人均可支配收入差距的统计指标比较

年份	平均值(元)	最大值(元)	最小值(元)	全距(元)	标准差(元)	变异系数
2013	6108	15407	4127	11280	1501	0.246
2014	6959	16921	4626	12295	1610	0.231
2015	7654	18239	5265	12974	1782	0.233
2016	8565	19614	5906	13709	1828	0.213

年份	平均值(元)	最大值(元)	最小值(元)	全距(元)	标准差(元)	变异系数
2017	9482	21184	6887	14298	1933	0.204
2018	10423	19085	7847	11238	1755	0.168
2019	11523	21127	8616	12511	1936	0.168
2020	12509	23114	10030	13084	2081	0.166
2021	13970	25680	10880	14800	2363	0.169

注：原始数据来源于《湖北统计年鉴》《湖南统计年鉴》《贵州统计年鉴》《重庆统计年鉴》及 71 县(市、区)所在地级市(州、区)统计年鉴和 71 县(市、区)统计公报，经笔者整理统计得出。

(四)农户间差距：个体收入分配差距比较大

根据课题组 2018 年对湖北武陵山区恩施州和长阳土家族自治县 740 户农户的调研数据(表 1-10)，样本户的家庭人均可支配收入为 18802 元，高于全国和湖北省平均水平，但是中位数低于全国和湖北省平均水平，说明武陵山区农户个体收入差距较大。其中，经营净收入是第一大收入来源，占农民收入的 59.5%，第一产业是经营净收入的主要来源。均值大于中位数，且小于标准差，进一步说明农户个体之间存在较大收入差距，超过一半的农户人均收入低于 12000 元。

表 1-10 衡量农村居民收入差距的统计指标(元)

指标	农民收入	工资性收入	经营净收入	财产净收入	转移净收入
均值	18802	9426	11190	619	574
中值	12000	5917	4000	—	—
标准差	32249	14769	29586	2970	2942
全距	500000	150000	500000	37500	50000

指标	农民收入	工资性收入	经营净收入	财产净收入	转移净收入
极小值	0	0	0	0	0
极大值	500000	150000	500000	37500	50000
百分位数25	5750	0	250	0	0
百分位数50	12000	5917	4000	0	0
百分位数75	20150	12375	12500	0	157
变异系数	18802	9426	11190	619	574

注：百分数为四分位数，百分位数25、50、75分别代表第1、2、3分位点。

根据四分位数，这里将农村居民样本按照收入水平高低排序分为低收入组（小于5750元）、中等偏下收入组（5750~12000元）、中等偏上收入组（12000~20150元）、高收入组（大于20150元），可以发现平均收入分别为3012元、8774元、15883元、48300元。在收入倍数上，中等偏下收入组、中等偏上收入组、高收入组分别是低收入组的2.9倍、5.3倍、16倍。从收入来源看，低收入组主要来源于工资性收入（1234元）和经营净收入（1300元），两者差距不大。中等偏下收入组和中等偏上收入组主要来源于工资性收入（4914元、8848元），高收入组主要来源于经营净收入（21198元）。因此，家庭经营净收入差距是造成农户个体收入差距的第一大来源（图1-7）。

三、武陵山区农民收入增长的来源结构问题

农村三产融合和全产业链建设滞后是武陵山区农民收入增长缓慢的根本原因。这里以武陵山区所在主要地级行政单位，即湖北省恩施州、湖南省湘西州、贵州省铜仁市和重庆市黔江区为例进行分析。根据表1-11，从收入增长来源看，地区间农村居民收入来源存在一定差别。在全国农村居民人均可支配收入来源总体以工资性收入为主时，恩施州以经营净收入为

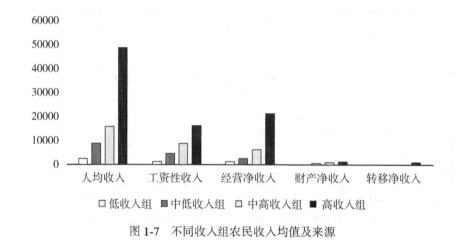

图 1-7　不同收入组农民收入均值及来源

最主要来源，湘西州、怀化市和铜仁市以工资性收入为主，黔江区以转移净收入为最主要来源。怀化市财产净收入比重较高，但转移净收入比重较低。从各类收入水平来看，除黔江区转移净收入(5390元)高于全国，所有地区的各项收入均低于全国平均收入水平，武陵山区仍是巩固脱贫攻坚成果的重点区域。

表 1-11　2021 年武陵山区所在主要地级单位农民收入与全国、所在省比较结果

地区	可支配收入 （元）	按来源分的收入比例（%）			
		工资性收入	经营净收入	财产净收入	转移净收入
全国	18931	0.420	0.347	0.025	0.208
湖北省	18259	0.326	0.414	0.014	0.247
湖南省	18295	0.392	0.357	0.014	0.237
贵州省	12856	0.415	0.304	0.010	0.271
重庆市	18100	0.353	0.338	0.025	0.285
恩施州	13307	0.282	0.483	0.014	0.221
怀化市	13321	0.428	0.271	0.286	0.014

地区	可支配收入（元）	按来源分的收入比例(%)			
		工资性收入	经营净收入	财产净收入	转移净收入
湘西州	12332	0.441	0.280	0.018	0.261
铜仁市	12291	0.446	0.345	0.006	0.204
黔江区	15670	0.289	0.343	0.024	0.344

注：原始数据来源于《中国统计年鉴2022》、各地级市(州、区)统计年鉴和统计公报，经笔者整理统计得出。

根据表1-12，2013—2021年各地区收入来源变化具体如下：

一是恩施州农村居民人均可支配收入以经营净收入为最主要来源。2013—2021年收入来源呈现工资性收入比例下降、经营净收入比例先降后升、财产净收入和转移净收入稳步上升态势。其中，工资性收入比例从2013年占可支配收入的40.3%下降到2021年的28.2%，尤其是2020年比重较2019年下降4.5个百分点，可见新冠肺炎疫情对武陵山区外出务工影响很大，2020年经营净收入占比较上年增加7.8个百分点，达到50.6%。由此可见，恩施州还要加快发展二、三产业，进一步优化农业产业内部结构，增加工资性收入。

二是湘西州农村居民人均可支配收入以工资性收入为最主要来源。2013—2021年湘西州农民收入来源呈现工资性收入比例上升、经营净收入比例逐年下降、财产净收入和转移净收入稳步上升态势。其中，工资性收入比例从2013年占可支配收入的32.2%上升到2021年的44.1%，高于湖南省和全国的平均水平，这与湘西州全力推进优势产业、加快现代农业和新型工业发展有关。在2020年受疫情冲击情况下，湘西州农村居民工资性收入比例还在稳步提高。湘西州是享受西部大开发优惠政策的地区，同时也是民族地区、革命老区，转移性收入比例高于湖南省和全国平均水平。

表 1-12　武陵山区所在主要地级行政单位农村居民人均可支配收入来源结构（%）

年份	湖北省恩施州				湖南省湘西州			
	工资性收入	经营净收入	财产净收入	转移净收入	工资性收入	经营净收入	财产净收入	转移净收入
2013	0.403	0.499	0.004	0.093	0.322	0.473	0.009	0.196
2014	0.301	0.444	0.011	0.244	0.356	0.426	0.004	0.213
2015	0.301	0.440	0.012	0.247	0.381	0.398	0.005	0.393
2016	0.301	0.439	0.012	0.249	0.415	0.337	0.005	0.243
2017	0.304	0.435	0.013	0.248	0.420	0.315	0.007	0.258
2018	0.308	0.428	0.013	0.250	0.423	0.299	0.008	0.270
2019	0.308	0.428	0.014	0.251	0.421	0.290	0.007	0.282
2020	0.263	0.506	0.014	0.217	0.437	0.285	0.009	0.268
2021	0.282	0.483	0.014	0.221	0.441	0.280	0.018	0.261
年份	贵州省铜仁市				重庆市黔江区			
	工资性收入	经营净收入	财产净收入	转移净收入	工资性收入	经营净收入	财产净收入	转移净收入
2013	0.553	0.366	0.010	0.070	0.378	0.530	—	—
2014	0.470	0.347	—	—	0.289	0.299	—	—
2015	0.463	0.348	0.011	0.178	0.282	0.314	0.021	0.382
2016	0.486	0.311	0.007	0.195	0.278	0.323	0.022	0.376
2017	0.495	0.279	0.016	0.211	0.281	0.322	0.022	0.375
2018	0.508	0.292	0.010	0.190	0.283	0.320	0.022	0.375
2019	0.508	0.285	0.003	0.204	0.284	0.331	0.023	0.362
2020	0.472	0.312	0.006	0.210	0.291	0.337	0.023	0.349
2021	0.446	0.345	0.006	0.204	0.289	0.343	0.024	0.344

注：原始数据来源于历年《湖北统计年鉴》《湖南统计年鉴》《贵州统计年鉴》《重庆统计年鉴》及各地级市（州、区）统计年鉴和统计公报，经笔者整理统计得出。

三是铜仁市农村居民人均可支配收入以工资性收入为最主要来源。2013—2021 年收入来源呈现工资性收入比例和财产净收入比例总体下降、经营净收入比例先降后升、转移净收入稳步上升态势。工资性收入比例2021 年下降到 44.6%，但仍然高于贵州省和全国平均水平，这与铜仁市向来把推进新型工业化作为区域发展首要任务有关。

四是黔江区农村居民人均可支配收入以经营净收入为最主要来源。2013—2021 年收入来源呈现工资性收入比例和经营净收入比例总体下降、财产净收入稳步上升态势。经营净收入比例 2021 年下降到 34.3%，但仍然高于重庆市平均水平，工资性收入比例仅有 28.9%，远低于重庆市。但是黔江区转移净收入比例达到 34.4%，高出重庆市 6 个百分点，高出全国近14 个百分点。这与黔江区重视民生工作有一定关联，民生支出占地方一般公共预算支出比重保持在 75% 以上，城乡养老保险、医疗保险参保率稳定在 95% 以上。

四、武陵山区农村低收入群体比重大问题

以湖北武陵山区为例，根据课题组 2021 年对恩施土家族苗族自治州、长阳土家族自治县和五峰土家族自治县 56 个村庄的调研，武陵山区农村低收入群体比重过大，虽然调研地区发生规模性返贫的风险极低，但点状返贫风险较高，巩固脱贫攻坚成果面临着严峻形势。

(一)收入增长与巩固脱贫情况

一是 56 个村均未发生规模性返贫。所调研村庄的 2020 年人均可支配收入均值为 10122.48 元，高于同期 4000 元的农村脱贫标准，但低于湖北省农村居民人均可支配收入 16306 元的平均水平。73.21% 的村庄认为 2021年村庄经济发展好于 2020 年，100% 的村庄认为 2021 年不存在出现规模性返贫的可能性。平均每个村有 5 个农村合作社，村集体经济收入平均达到48.02 万元，收入来源主要包括发包租赁及上交收入、集体统一经营收入、上级补助拨款收入及其他收入。与 2020 年相比，59% 的村 2021 年村集体

经济收入稳步上升，仅有 5% 的村受新冠肺炎疫情和自然灾害等影响略有回落。调研村主要以第一和第三产业作为主导产业，分别占比 82.14% 和 35.71%。从主导产业发展的时间来看，有 80.36% 的村庄主导产业发展时间为 3 年以上，主导产业发展基础较好，且绝大多数能起到辐射带动周边地区的作用。

二是 539 户脱贫户年收入高于脱贫标准。问卷结果显示，2021 年 539 户脱贫户家庭总收入均值为 27767.81 元，家庭年人均收入均值为 7769.254 元，高于 2020 年农村贫困标准（每人每年 4000 元）。在 2021 年收入统计上，有 56.40% 的脱贫户认为"2021 年的收入比 2020 年上升"，上升的原因主要是疫情好转、外出务工、产业发展、儿女补贴、政府补贴增加、农产品销量或价格增加以及疾病好转或减少等。但也有 31.36% 的脱贫户认为在下降，下降的原因主要集中在疾病影响、务工减少、劳动力减少、工资降低、农产品产量降低、物价波动、医疗或教育支出增加以及种植业与养殖业受挫等。

三是 48 户脱贫户存在点状返贫风险。对于问题"2021 年您家有没有返贫"的回答，91.09% 的脱贫户认为 2021 年自家没有返贫，但有 43 户认为自家有返贫风险，还有 5 户认为虽然没有返贫风险，但生活也很吃力，合计有 48 户存在返贫风险，但他们分布在 22 个村，可见武陵山区存在点状返贫风险。在对这 48 户脱贫户的深度访谈中，有 23 户（47.92%）认为导致返贫的原因在于疾病与医疗支出大，16 户（33.33%）认为原因在于劳动力不足，9 户（18.75%）认为原因在于教育支出大，8 户（16.67%）认为是产业发展不好，另有 6 户（12.5%）认为导致返贫的原因在于家庭收入太低、生活支出大、务工减少。

（二）限制农民收入增长的障碍

一是脱贫户农业经营收入增长缓慢。面对问题"您家 2021 年主要收入来源（多选）"的回答，大多数脱贫户选择收入主要来源于种植业（59.93%）、务工（56.40%）、政府补助（43.41%）、养殖业（22.63%），此外 0.56% 的脱贫户选择旅游业，2.04% 的脱贫户则选择运输业和餐饮业等。可见，农业是农民收入的主要部分。但是 2021 年农业经营风险增大，导致农业经营收入增长缓慢。一是农产品的销售价格波动较大。539 户脱贫户有 38% 的农户认为 2021 年农产品的销售价格与 2020 年相比变化较大，具体体现在生猪价格大幅度下降、青菜和玉米价格上涨、茶叶价格升高等，其中生猪价格的大幅度波动，给 2021 年家里养猪较多的农户带来了较大损失。二是农业生产资料价格上涨较快。有 37% 的农户认为 2021 年化肥和饲料的价格涨幅较大，种子的价格也有一定的增长。三是自然灾害、疫情等原因影响农业经营，有 34.88% 的农户认为这些因素是导致农产品销售数量下降的原因。农业经营风险加大迫使脱贫户生产经营趋于谨慎保守，可能会采用减产方式来化解风险。据调查，在有农产品销售的脱贫户中，仅有 16.87% 的农户增加了 2021 年的农产品销售量，37.90% 的脱贫户的销售数量变化不大，还有 37.16% 的脱贫户减少了销售量。

二是脱贫户难以进入现代农业发展轨道。本次调查的 539 户脱贫户中，有 94.81% 的农户参加了产业扶贫。但是，79.65% 的农户参与形式是自己单干，仅有 12.13% 的农户通过专业合作社参与、3.52% 的农户通过龙头企业带动参与、2.15% 的农户通过农村经纪人来带动参与、1.37% 的农户通过农业专业市场参与以及 1.17% 的农户通过专业大户参与。可以看出，自己单干占大头，企业与合作组织在带动脱贫户方面发挥的作用较小。从农产品的生产与销售来看，43.41% 的脱贫户通过集市零售，11.5% 的农户通过合作社销售，8.91% 的农户通过农业经纪人销售，还有 5.01% 的脱贫户通过订单销售，2.97% 和 1.67% 的脱贫户分别通过农超对接和电商平台销售。由此可知，脱贫户仍然以传统的售卖方式来销售农产品，现代化的销售方式尤其是"互联网+"的销售模式并不多见。

三是主导产业发展面临多重困难。所调研的 56 个村中，主导产业以种植业、养殖业为主的村庄占比 82.14%，少部分发展文化旅游业，还有极个别以现代服务业和电子商务业为主。从主导产业发展的时间来看，有 80.36% 的村庄发展时间为 3 年，17.86% 的村庄发展时间为 2 年，剩下的发展时间仅为 1 年。通过对 56 个村的村支书或村主任调查当前村庄主导产业发展面临的主要困难，结果发现：67.86% 的村存在财政资金投入不足困难，62.5% 的村存在青壮年劳动力流失较快问题，58.93% 的村认为企业太少且发展滞后，51.79% 的村认为市场价格波动太大，46.43% 的村认为自然灾害较多，26.79% 的村认为生产性基础设施落后，26.79% 的村认为技术培训工作覆盖面不足。

四是脱贫户医疗与教育支出持续上升。2021 年 539 户脱贫户家庭消费支出均值为 21780.51 元，其中医疗支出与教育支出分别占家庭消费总支出比例的 22.10% 和 21.16%，共占比 43.26%。从有返贫风险的 48 户脱贫户来看，疾病与医疗支出和教育支出分别占 47.92%、18.75%。而根据国家统计局统计，这两项支出同期在湖北省农村居民消费支出中仅占 20.3%，可见脱贫户的医疗与教育费用负担比较重。在支出水平变化上，70% 左右的农户认为"2021 年家庭支出比 2020 年高"，只有不到 30% 的农户认为"变化不大"或"支出减少"。对于支出水平变化的原因，脱贫户认为家人医疗支出与孩子教育支出增减是导致家庭支出变化的主要原因。

五是山区乡村激发内生能力还差"最后一公里"。所调研的 56 个村中有 67.86% 的村庄反映存在财政资金投入不足的问题，539 户脱贫户中有 88.68% 的农户认为政府出台的各项涉农补贴和产业扶持政策带来的好处对其生活有影响，其中 35.81% 和 17.25% 的农户认为影响较大和非常大。同时，部分村干部反映财政投入不足导致生产性基础设施建设滞后，并无法充分推动主导产业扶持和人才吸引培养等工作的开展。所调研的村庄中有 62.5% 的村庄存在劳动力流失较快的问题，大量的年轻劳动力外出务工，村庄对农民工返乡创业的吸引力不足，青壮年劳动力的缺乏限制了当地各种产业的发展，产业兴旺受到严重阻碍。

第四节　结　　论

通过对武陵山区农民收入增长特征的分析，我们发现当前武陵山区农民收入偏低但增长稳定是个整体区域性问题，由此探寻导致这一问题的外部因素和内部因素，具体总结如下：

第一，武陵山区集革命老区、脱贫地区和民族地区等区域特征于一体。当地涉及三省一市的71个县（市、区）。境内有通道县、巴东县、秀山县等多个革命老区，少数民族人口占当地总人口的42%，是建设扶贫攻坚示范区、跨省协作创新区、民族团结模范区、国际知名生态文化旅游区。

第二，武陵山区农民收入近年呈相对稳定增长态势。改革开放以来，该区域农民收入大致可分为1979—1987年的农民收入超常规增长阶段、1988—1996年的农民收入快速增长阶段、1997—2003年的农民收入增长停滞阶段、2004—2012年的农民收入加速增长阶段、2013—2021年的农民收入稳定增长阶段。该地区农民收入占全国比例从2013年的67%提高到2021年的74%，2021年达到14176元。

第三，武陵山区农民收入呈对外差距和城乡差距双重缩小特征。对比2013年和2021年数据，武陵山区农民收入与全国及所在省市平均水平的差距在缩小。不仅如此，武陵山区城乡居民收入差距也在缩小。与全国比较，2021年城乡差距小于全国城乡差距水平的有50个县（市、区），仅有21个县（市、区）高于全国的平均水平。

第四，武陵山区县市间收入差距不大，但农民个体之间收入差距较大。从71个县（市、区）来看，区域内农民收入差距不大。从衡量极端点差距的全距来看，除了冷水江市和鹤城区收入颇高之外，其余69个县（市、区）农民收入均低于全国平均水平。从衡量绝对差距的标准差来看，区域内部农民收入差距在持续扩大。但考虑到收入增长和通货膨胀因素，从衡量相对差距的变异系数来看，变异系数从0.246缩小到0.169。由此说明，2013年以来该地区县市之间的农民收入差距没有明显拉大。对湖北武陵山区的调研发现，中等偏下收入组、中等偏上收入组、高收入组农民收入分别大约是低收入组的2.9倍、5.3倍、16倍，家庭经营净收入差距是造成农户个体收入差距的第一大来源。

第五，武陵山区农民增收来源存在差异，财产性收入普遍偏低。我们以湖北省恩施州、湖南省湘西州、贵州省铜仁市和重庆市黔江区为例来进行分析。从收入增长来源来看，地区间农村居民收入来源存在一定差别。在全国农村居民人均可支配收入来源总体以工资性收入为主时，恩施州以经营净收入为最主要来源，湘西州、怀化市和铜仁市以工资性收入为主，黔江区以转移净收入为最主要来源。在工资性收入和经营净收入占农民收入的40%左右，转移净收入持续增加到20%左右的情况下，财产净收入占比不超过3%。

第六，武陵山区农村低收入群体比重过大。从湖北武陵山区恩施州和长阳、五峰两县调研数据来看，56个调研村庄的2020年人均可支配收入均值为10122.48元，高于同期4000元的农村脱贫标准，但低于湖北省农村居民人均可支配收入16306元的平均水平，虽然调研地区发生规模性返贫的风险极低，但点状返贫风险较高。

根据以上分析，武陵山区农民增收面临的重点问题是如何确保农民的工资性收入和经营净收入持续增收，难点问题则是如何切实有效地提高财产净收入。

第二章 公共财政与农民增收的关系探究

第一节 公共财政支持农民增收的理论基础

一、农产品市场失灵问题是公共财政支持农民增收的起点

公共财政理论认为，财政支持农民增收的必要性来源于"市场失灵"。

(一)农业在国民经济中的基础性地位

根据农业经济学的一般原理，农业是为人类生存和国民经济发展提供基本资料的基础产业，具有产品贡献、市场贡献、要素贡献和外汇贡献四大贡献。在整个价格体系中，农产品价格是最基本的环节，不仅影响自身供需，还会影响整个价格体系的变化。同时，因为农业在三大产业中属于劳动密集型产业，对农业投资越多，对农村劳动力就业推动作用就越大。因此，农业在国民经济中的基础性地位决定了政府需要对农民增收进行支持。①

(二)农业在市场经济中的弱质性特点

与其他产业相比，农业生产需要更多考虑自然因素，这决定了农业具有天然的弱质性，从事传统农业的农民自我发展能力天然较弱。这是因为

---

① 曹芳. 农业国内支持政策对农民收入的影响研究[D]. 南京：南京农业大学，2005：12.

农业生产的对象是有生命的动植物，农产品生产周期长、生产过程极易受到脆弱性的自然条件和自然灾害的影响，加上全球生态环境的日益恶化，农民对农业生产的控制能力降低，农业生产面临极大的自然风险。同时，与其他产业一样，农业生产还面临价格波动的市场风险。农产品市场是发散型蛛网市场，农产品供给弹性大于需求弹性，农产品价格波动较大且极难达到稳定平衡状态。一旦农产品供大于求，市场价格急剧下降，"谷贱伤农"现象就会发生。但是如果农产品供不应求，则"谷贵伤民"又会威胁国家食品安全。因此，农业的弱质性需要政府采取措施进行支持。①

（三）农业在投资领域中的公共品属性

公共产品理论显示，农产品在商品交易中呈现出来的"非竞争性"和"非排他性"使农产品价格信号失真，"免费搭车者"现象造成农产品市场失灵。农业的公共产品特征源于农业是国民经济的基础产业，源于粮食产业是关乎国计民生的战略产业。粮食是社会稳定和发展不可缺少的必需品，粮食安全问题是世界各国高度重视的国际问题，尤其是对人口第一大国的中国，粮食安全问题不仅是经济问题，也是政治问题，这决定了包括粮食产业的农业生产具有外部性，农产品具有公共产品属性。同时，农业生产是气候、资源、物质和劳动力等诸多要素的投入过程，这些要素大多具有公共产品或准公共品特征，如农业基础设施和公共服务，这些要素需要大量和长期的资金投入，而这对于金融资本缺乏的武陵山区农民而言是很难承受的，这就需要公共财政发挥重要支持作用。②

（四）农业在生态系统中的外部性效应

外部性理论显示，农业不仅生产农产品以满足人类食物需求，农业生

---

① 曹芳. 农业国内支持政策对农民收入的影响研究[D]. 南京：南京农业大学，2005：12.

② 朱洪跃. 财政支农对我国农民收入的影响及政策趋势分析[D]. 大连：东北财经大学，2010：9.

态景观——农田湿地、草原、森林、湖泊等生态景观对净化环境、涵养水土和提供休闲也具有极强的正外部性。同时，无公害农产品、有机食品的产业化发展也提高了农产品质量安全，增进了社会福祉。对于农业在生态系统中的正外部性，政府应设计公共财政工具对务农农民进行补偿，鼓励农业可持续经营。当然，农业经营在市场经济中也会对生态环境造成负外部性，主要体现在农用化学品污染和农业废弃物污染两个方面，前者（如农药、化肥）短期内会迅速提高农业单产，后者（如农作物秸秆、畜禽粪便）是传统粗放型农业的附属物。如果不对这些污染物进行处理，这些污染成本就会转嫁给社会，如农药的高残留性和毒害性就会造成农田污染，进而造成农产品污染，危害社会公众食品安全。对于农业在生态系统中的负外部性，政府也应设计财政工具对务农农民进行规范和引导，提高绿色、有机和无公害农产品的价格，增加农民收入，减少农业经营的负外部性。①

（五）城乡居民收入分配二元化

缩小城乡居民收入分配差距是政府财政调节的基本职能。作物生长过程是一个漫长的过程，资本周转率太慢，导致生产周期过长，单位利润总额较低，整体生产水平低，农业生产中劳动力数量过剩，农业投入产出效率低。② 从事农业的农村居民和从事非农产业的城市居民，他们的收入分配差距天然存在。但是，从事农业的工资报酬率要等于或大于非农产业的工资报酬率，这样才会有劳动力流向农业，这就需要政府对农民进行收入补贴，或是投资农业来提高农民的投资报酬率。缩小城乡居民收入分配差距是政府财政政策的基本职能。

二、促进农民增收是公共财政的基本职能

农产品市场失灵为公共财政支持武陵山区农民增收提供了合理性和必

---

① 石声萍. 农业外部性问题思考[J]. 宏观经济研究，2004（1）：41-42，46.

② 侯晓博. 财政支农对农民收入影响的省域差异性分析[D]. 桂林：广西师范大学，2011：10.

要性依据。公共财政充当了政府干预的角色,具备资源配置、收入分配、经济稳定三大职能。

(一)资源配置职能

在公共财政理论的范畴内,由于农业的基础性、弱质性和公共产品属性,农业资源在市场体系中无法得到合理有效的配置,市场失灵问题单靠农民本身无法得以解决。因此,公共财政必须支持农业发展,尤其是以农业为地方支柱产业的武陵山区。这就需要政府通过优化财政支出规模和结构,合理安排政府对农业领域的投资、税收优惠和财政补贴,从而平衡三大产业的资本配置、技术分配和区域分布,纠正市场失灵现象,促使农业实现可持续发展。

(二)收入分配职能

收入分配过程可以划分为初次分配和再分配过程。在初次分配过程中,个人通过提供劳动或者资本等生产要素获取市场收入。再分配是政府在保持社会总收入不变的前提下,通过一定的政策在初次分配的基础上进一步对收入进行调整。[1] 财政的收入分配职能是政府通过财政收入和支出工具将城乡居民收入差距控制在一个合理的范围内,以实现相对公平的收入分配结构,促进武陵山区农民收入加快增长。阿马蒂亚·森提出政府不仅要给低收入群体更多的物质补贴,还要帮助他们发挥自身优势,增强自我发展能力。在公共财政支持低收入者能力建设方面,阿马蒂亚·森认为一是通过宏观经济快速增长来引发人的全面发展,二是通过社会扶持项目和政策来激发人的能力提升。1979 年诺贝尔经济学奖得主、美国著名经济学家西奥多·舒尔茨在《改造传统农业》一书中提出了促进农业发展的人力资本理论。他认为政府需要在财政上加大对农业教育和农业科技投入的转

---

① 岳希明,张玄. 强化我国税制的收入分配功能:途径、效果与对策[J]. 税务研究,2020(3):13-21.

移支付，需要加大基础设施建设投资，需要重视农民的人力资本投资。①

(三)经济稳定职能

为了避免经济周期带来的市场风险，政府必须进行有效干预，以保证宏观经济的稳定运行。农业虽然具有公共产品的特性，但农产品交易仍要参与市场经济，农民必须承担市场风险。为了确保农民收入的稳定增长，政府必须采取财政措施来保证农产品价格和收益相对稳定。农产品最低价收购、农业生产补贴是常用的财政支出工具，减免农业税则是常用的税收优惠工具。

三、可持续生计理论是公共财政支持农民增收的逻辑框架

市场失灵是公共财政支持农民增收的起点，公共财政工具设计是为了矫正市场失灵，但是怎样的财政工具才能实现这一目标，即政府怎样在农业和农村资源配置效率、社会公平和经济稳定中充分发挥基本职能呢？由于连接市场和政府的纽带是农民，回答上述问题的关键也就在农民身上，其中农户生计行为是政府应考虑的首要问题。从农户生计行为出发，我们要回答这样三个问题：农户生计行为是什么？市场和政府怎么影响农户生计行为？政府应该怎么设计合适且适度的财政工具从而让农户更好地融入市场环境中？

Chambers 和 Conway(1992)认为生计包括"能力、资本和赖以生存的活动"。② 生计资本、行动和权利受到社会关系和政策制度的影响，这些决定了农户生计活动。研究农户生计资本是分析农民增收问题的起点，可持续生计分析框架是分析农民增收问题的理论依据。Elis(2000)认为可持续生

---

① 史建华. 重庆市财政支农对农民收入的效应研究[D]. 重庆：西南大学，2012：18，26-27.

② Chambers R, Conway G R. Sustainable Rural Livelihoods: Practical Concepts for the 21st Century[EB/OL]. (1991-11-01). http://community.eldis.org/.59b4ab37/dp296.pdf, 2009-12-30.

计是指在不破坏自然资源的基础上，农户面对压力还能够保持并提升其能力和资本，并依靠自身力量从压力中恢复的一种能力。① 其他的研究（例如，联合国开发计划署的研究和英国国际发展署的研究）则区分出五种生计资本：自然资本、物质资本、人力资本、金融资本和社会资本。虽然这种分类与经典的经济学分类有所出入，但是仍然无碍于其在实践中的广泛应用。② 特别是英国国际发展署（DFID）的可持续生计分析框架，已经对全世界各国的农户生计研究和实践产生了巨大影响，包括近年来对中国农村实践的影响。DFID 的可持续生计分析框架强调实践导向以及对农户生计的了解和帮助，旨在为政府及社会组织计划和管理提供一个分析工具。根据图 2-1，可持续生计分析框架由脆弱性背景、生计资本、结构和制度转变、生计策略和生计产出 5 个部分组成，具体可解释为：在诸如灾害冲击、技术发展趋势、经济波动等脆弱性背景下，农户利用自身的自然资本、人力资本、物质资本、社会资本和金融资本，在结构和制度影响下，做出最适

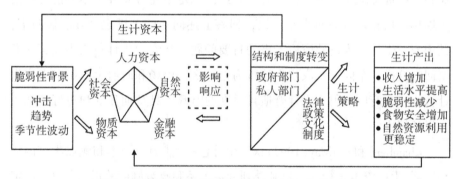

图 2-1 英国国际发展署的可持续生计资本分析框架

资料来源：DFID. Sustainable Livelihoods Guidance Sheets［EB/OL］.［2009-12-30］. http://www.ennonline.net/resources/667.

---

① Elis F. Rural Livelihoods and Diversity in Developing Countries［M］. New York：Oxford University Press, 2000：141.

② 李树苗，梁义成. 退耕还林政策对农户生计的影响研究——基于家庭结构视角的可持续生计分析[J]. 公共管理学报, 2010, 7(2)：1-10.

宜的生计策略，以求得到预期的生计产出。①

（一）脆弱性背景

农户处于脆弱性背景下，宏观的社会经济趋势、突发的冲击以及季节性波动等都会对农户生计行为产生影响。其中，社会经济趋势包括人口、资源、国内和国际经济形势、政府政策和科学技术等发展趋势。冲击包括人类健康、自然环境、经济形势、国际国内冲突、动植物健康等。季节性波动包括价格、产量、健康和就业机会的变化。当然，这些趋势、冲击和季节性波动并不总是对农户产生不利影响，但是如果缺乏资产和参与权，即使面对有利的环境，农户也很难从良好环境中受益。此外，对于贫困户的脆弱性，政府和社会都有责任去考虑贫困户在最不利环境中的继续生存和发展问题。

（二）生计资本

生计资本是农户拥有的赖以生存的资产。农户拥有的生计资本可以用资本五角星标识，五角星中心代表资产拥有量为零，五角星最外边则代表最大的资产拥有量。这里的资本包括自然资本、物质资本、人力资本、金融资本和社会资本。根据 DFID 的定义，自然资本是指从自然资源存量中开发出来的有利于农民生计的资源流及环境服务。人力资本是指农民拥有的技术、知识、劳动能力、健康营养和适应变化的能力，从而实现不同的生计策略以实现生计目标。物质资本指用于农民经济生产过程中除去自然资源的物质。金融资本指农民用于生产和消费的资金。社会资本指农民为追求生计目标而利用的社会资源。资本之间是可以相互转换的。假如人们可以获得土地（自然资本），土地也可以成为金融资本，因为人们既可以用土地进行直接生产，也可以用来抵押贷款。类似的，牲畜拥有量也可以产

---

① DFID. Sustainable Livelihoods Guidance Sheets[EB/OL]. (2009-12-30). http://www.ennonline.net/resources/667.

生社会资本(例如社会威望),同时也可以成为生产性物质资本(例如作为牵引力的耕牛)。

(三)结构和制度转变

国民经济中政府部门和私人部门的分工结构,以及法律、文化、政策和制度都会对农户生计资本产生影响,进而影响农户生计策略。具体表现为,一是公私结构和制度会直接产生资本。例如,政府对基础设施投资,会增加农户物质资本,或者进行技术培训来增加农户人力资本,或者完善地方制度去强化社会资本。二是结构和制度会决定农户生计资本。例如,政府规定农户拥有土地资源的抵押权,则农户金融资本将会增加。三是结构和制度会影响资本聚集的比例。例如,税收政策会影响农户不同生计策略的回报。中国政府 2006 年全面取消农业税就增加了农民的农业收入。

(四)生计策略

脆弱性背景、农户生计资本、社会分工结构和制度都会影响农户生计策略。首先,农户通过务农、打工、个体经营等多样化生计活动来应对脆弱性背景,努力使经营风险降到可控制的程度。第二,生计资本拥有量也会影响农户生计策略,生计资本越多,农户生计策略选择的范围就会越广。第三,社会分工结构和制度对当前中国农民的影响越来越大。取消农业税所导致的东南沿海地区出现"民工荒"现象就是个例子。第四,生计策略也会影响农户生产行为和消费行为,决定其收入来源和消费状况,从而影响生计产出。

(五)生计产出

生计产出是生计策略实施后所取得的结果,通常可以从农户收入是否增加、农户生活水平是否提高、农户经营脆弱性是否减少、农户家庭食物安全是否增加和自然资源利用是否更稳定等多方面来衡量。许多研究都发现，生计产出的水平直接取决于农户生计资本，而不是脆弱性背景或政策制度。例如，贵州省铜仁市喀斯特地带具有脆弱的生态环境，但农村收入分配差距仍然存在，可见脆弱性环境不是决定农户收入的关键因素。另外，民族地区通常比一般地区享受更多的中央财政转移支付和对口支援，但并不意味着民族地区农民收入会更高一些，例如湖北省秭归县2021年农民收入（13495元）高于长阳土家族自治县（13448元）和五峰土家族自治县（13155元），但低于恩施土家族苗族自治州的鹤峰县（14097元），① 可见政策制度也不是决定农民收入的关键。只有生计资本拥有量才是决定农民收入的关键所在。因此，分析武陵山区农民收入较低的原因要从当地农户拥有的生计资本着手。

第二节　影响武陵山区农民增收问题的生计资本因素分析

一、导致武陵山区农民收入较低的自然资本问题分析

自然资本是指从自然资源存量中开发出来的有利于农民生计的资源流及环境服务。具体包括土地、水和水产资源、树木和林产品、野生动物、野生植物、环境服务等（DFID，1999）。武陵山片区属亚热带向暖温带过渡类型气候。境内有乌江、清江、澧水、沅江、资水等主要河流，水能资源蕴藏量大。矿产资源中锰、锑、汞、石膏、铝等储量居全国前列。生物物种多样，素有"华中动植物基因库"之称。旅游资源丰富，极具开发价值。区内森林覆盖率超过50%，是我国亚热带森林系统核心区、长江流域重要的水源涵养区和生态屏障区。虽然自然条件和生态资源条件好、潜力大，但是武陵山区农民增收的自然资本仍然非常脆弱。

---

① 数据来源于《湖北统计年鉴2022》。

（一）石漠化现象突出

武陵山区属于我国生态环境脆弱区中的石漠边沿区和石漠敏感地带，大多是喀斯特地貌，水土易流失，泥石流出现几率大。据所在省的水土流失调查统计数据，湘西州水土流失总面积为 4358.82 平方公里，其中轻度 1382.79 平方公里、中度 2138.17 平方公里、中度以上 837.86 平方公里，分别占土地总面积的 8.9%、13.8%、5.4%，[1] 是湖南省水土流失最为严重的区域之一。根据《2021 年重庆市水土保持公报》，黔江区水土流失面积占土地总面积的 33.57%，其中丰都县为 40.15%，秀山县为 36.52%，均高于重庆市 30.05% 的平均水平。[2] 恩施州的水土流失一直以来都是湖北省最为严重的区域之一，根据《2021 年湖北省水土保持公报》，2021 年恩施州水土流失面积为 7053.92 平方公里，占土地面积的 29.32%，水土流失占比在湖北省各地市州中排第一。[3] 水土流失极易导致耕地营养物质流失，土地日益贫瘠化，水土保持能力下降，引起生态恶化。

（二）自然灾害频发

由于农业基础设施较差，武陵山区农业生产基本"靠天收"。该地区地质构造复杂，气候变化异常，灾害天气频繁。年降水分布不均，极易形成洪灾和旱灾，且每年受冰雹、冰雪等自然灾害的袭击。例如，2022 年春季，武陵山区持续低温多雨雪，较常年气温偏低，3 月 20—22 日，局部地区出现短时间倒春寒，春茶开采时间较去年推迟 15 天以上。同时，当年入夏以来受副热带高压异常强大影响，遭遇夏秋连旱，发生了自 1961 年有完

---

①　尹黎明，袁志忠，雷永康. 湘西自治州的水土流失及防治对策[J]. 中国水土保持，2012(1)：21-23.

②　重庆市水利局. 2021 年重庆市水土保持公报[EB/OL]. (2022-10-25). http://slj.cq.gov.cn/zwgk_250/fdzdgknr/tjgb/stbcgb/202210/t20221025_11225575.html.

③　湖北省水利厅. 2021 年湖北省水土保持公报[EB/OL]. (2022-10-27). http://slt.hubei.gov.cn/bsfw/cxfw/stbcgb/.

整记录以来最严重的全流域气象水文干旱。湖南甚至全省122个县(市、区)全部达到重旱以上等级,其中117个县(市、区)达特旱等级。① 另外,森林病虫害危害严重,分布广,对自然生态破坏大。此外,山区地质灾害易发,据自然资源厅统计数据,2017年恩施州发生地质灾害26起。恩施州关系到湖北全省乃至更大范围的生态安全,责任重大,生态安全保障的压力较大。

(三)环境污染加剧

随着城镇化的快速发展,人口大量向城镇集中,加重了城镇水、电、燃气等资源消耗的负担,导致生活垃圾、废气、污水等废弃物的排放增加,② 城镇环境的承载能力和自净能力难以适应城镇化发展。武陵山区部分污水处理厂急需提标扩能或进行管网改造,工业园区污水集中处理设施建设、城镇污水处理提标改造、农村环境综合整治亟待加强,垃圾处理设施还需完善。此外,武陵山区大多定位为生态旅游城市,旅游业的快速发展对生态环境的潜在影响也在不断扩大,生态环境保护压力持续加大。另外,武陵山区水土流失引起的农村河流污染,畜禽养殖和化肥农药使用带来的农业面源污染也在破坏武陵山区的生态环境和人居环境。

(四)耕地量少且质量差

武陵山区属于复合山区,山高坡陡,地形复杂,耕地资源禀赋条件差。《第三次国土调查主要数据公报》统计,③ 2019年全国人均耕地面积0.091公顷,黔江区为0.082公顷、铜仁市为0.08公顷,湘西州仅有

---

① 曾彦彦. 湖南交出"高烤"气象答卷[N]. 中国气象报,2022-12-13(002).

② 贾凤梅,周利军,刘海英. 黑龙江省农村城镇化与生态环境的耦合关系研究[J]. 湖南农业科学,2013(23):148.

③ 耕地面积及坡度数据来源于全国及各地级市(州、区)的《第三次全国国土调查主要数据公报》,人口数据来源于各地2019年统计公报的总人口数据,其中怀化市、张家界市、湘西州统计的是常住人口,其余统计的是户籍人口。

0.067 公顷，张家界市为 0.067 公顷，怀化市为 0.057 公顷，仅有恩施州以 0.112 公顷略高于全国人均水平。不仅耕地量少，当地山多田少，土地坡度大。2 度以下坡度（含 2 度）的耕地占比，全国为 61.93%，怀化市为 13.41%，张家界市为 13.26%，湘西州为 6.8%，铜仁市为 2.71%。耕地质量差、单产低（图 2-2）。

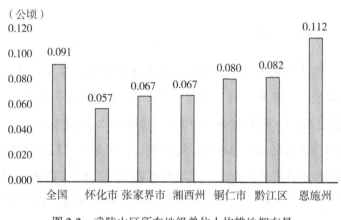

图 2-2　武陵山区所在地级单位人均耕地拥有量

（五）矿产资源丰富但开发利用效率较低

武陵山区矿产资源种类较丰富，特色矿产较多。武陵山区已经探明的金属或非金属矿有 80 余种，恩施州享有"世界硒都"的美誉，湖南花垣、贵州松桃以及重庆秀山被称为"中国锰三角"。区域内铁矿、磷矿储量居全国前列，铅、锌、镍、天然气、硅、煤、高岭土、石膏等储量也颇具规模。① 然而，资源利用率低，矿产经济尚未充分发挥效能。例如，恩施州天然气、煤炭、铁矿、硫铁矿、磷矿、耐火黏土、水泥用灰岩、石膏、高岭土、建筑石料、饰面石材等矿产资源较为丰富。利川建南天然气是省内

---

① 张运祥，熊廷勇. 对推动武陵山区经济社会跨越式发展的思考[J]. 中共铜仁地委党校学报，2011(5)：66.

目前发现的唯一天然气田,煤炭、石煤、硫铁矿、铁矿、硒矿等资源储量居全省前列。① 页岩气资源较丰富,中国地质调查局工作数据显示,页岩气理论储量4.5万亿立方米,占湖北省一半,可开采储量约2万亿立方米。铁矿资源丰富,已查明的资源储量达13.8亿吨。菊花石、百鹤玉、硒矿为恩施州的特色矿产资源。然而,矿床规模多为中、小型,中、小型矿床约占工业矿床的95.26%,大型偏少。2020年底,恩施州拥有各类矿山共438家,从业人数4465人。其中,煤炭有证矿山75家、保留矿山18家。全州固体矿石总产量为1397.6万吨,工业总产值仅为5.21亿元。② 此外,各地级市(州、区)对相似资源的过度竞争阻碍了地方经济可持续发展,也不利于武陵山区的统筹发展。

(六)特色生物资源规模有限

武陵山区有"华中药库""烟草王国""种植基因库"的美称,生物资源门类多样、种类齐全(如表2-1所示)。药用植物有2000~4000种,国家收购中药材350余种,民间常用的民族药一般有300~400种。主要野生药用植物有木通、前胡、何首乌等。③ 白肋烟、烤烟、茶叶等特色资源蜚声海内外,地理标志农产品有100多个(表2-1)。武陵山区特色生物资源虽然品种齐全,但是数量有限,资源开发还达不到工业生产的规模,如何保护好这些特色生物资源,加大"野"转"家"的种植研究,做到合理开发和利用,成为武陵山区特色生物资源开发利用急需解决的重要问题。

①　陈胜.民族自治地方产业结构优化升级评价指标体系研究——以恩施为例[D].湖北民族学院,2013:25。

②　恩施州自然资源和规划局办公室.恩施土家族苗族自治州矿产资源总体规划(2021—2025年)[EB/OL].(2022-12-28). http://ghj.enshi.gov.cn/zwgk/zdgk/zdjsxm/ghbz/202212/t20221228_1390351.shtml.

③　田兰,田华咏.论武陵土家药物资源生态区的建立与保护[J].中国民族医药,2008(12):33-35.

表 2-1 武陵山区地理标志农产品名单

省级单位	县级单位	名　　单
湖北省	秭归县	秭归桃叶橙、屈乡丝绵茶、秭归夏橙、秭归脐橙
	长阳土家族自治县	清江椪柑、水竹园大米、曲溪绿茶、资丘独活
	五峰土家族自治县	五峰宜红茶
	恩施市	恩施青钱柳
	利川市	利川红、利川大黄
	建始县	关口葡萄、建始猕猴桃、马坡茶、建始厚朴
	宣恩县	伍家台贡茶
	咸丰县	小村红衣米花生、唐崖茶
	鹤峰县	鹤峰茶、走马葛仙米
湖南省	隆回县	隆回龙牙百合
	洞口县	洞口雪峰蜜橘
	绥宁县	绥宁绞股蓝
	新宁县	崀山脐橙、新宁博落回
	武冈市	武冈铜鹅
	永定区	茅岩莓茶、张家界菊花芯柚
	慈利县	江垭峡谷鲻鱼、慈利杜仲
	安化县	安化小籽花生、安化红茶、安化黄精、安化松针
	辰溪县	辰溪稻花鱼
	会同县	会同魔芋、会同竹笋
	芷江侗族自治县	芷江白蜡
	靖州苗族侗族自治县	靖州杨梅、靖州茯苓
	通道侗族自治县	通道黑老虎
	洪江市	黔阳脐橙、黔阳大红甜橙、雪峰乌骨鸡、黔阳冰糖橙、黔阳金秋梨、托口生姜、黔阳黄精、黔阳天麻
	新化县	紫鹊界贡米
	冷水江市	水云峰黄桃

46

续表

省级单位	县级单位	名　　单
湖南省	吉首市	白云贡米
	泸溪县	浦市铁骨猪
	凤凰县	凤凰猕猴桃
	保靖县	保靖黄金茶
	永顺县	松柏大米、永顺猕猴桃、永顺蜜橘、永顺莓茶
	龙山县	龙山厚朴、龙山黄柏、龙山百合
重庆市	黔江区	黔江猕猴桃、马喇湖贡米、黔江羊肚菌、桑蚕茧
	丰都县	丰都锦橙
	武隆县	武隆高山白菜、武隆高山萝卜、高山辣椒、武隆高山甘蓝、武隆高山马铃薯、武隆猪腰枣、白马蜂蜜、武隆土鸡
	石柱土家族自治县	石柱莼菜、石柱辣椒
	秀山土家族苗族自治县	秀山金银花、秀山茶叶
贵州省	道真仡佬族苗族自治县	杠村米
	务川仡佬族苗族自治县	务川白山羊、务川蜂蜜
	凤冈县	凤冈锌硒茶、琊川贡米、凤冈红心柚、凤冈蜂蜜
	湄潭县	湄潭翠芽、湄潭红肉蜜柚、茅坝米
	碧江区	白水贡米
	玉屏侗族自治县	郭家湾贡米
	石阡县	石阡苔茶、石阡香柚、石阡土鸡
	思南县	思南黄牛
	印江土家族苗族自治县	印江绿壳鸡蛋
	德江县	德江复兴猪
	沿河土家族自治县	沿河白山羊、金竹贡米

资料来源：全国农产品地理标志查询系统 www.anluyun.com。

（七）能源资源开发利用不足

武陵山区有丰富的水能、风能、煤矸石及生物质能。以恩施州为例，其水能理论储藏量就达 600 万千瓦，可开发能源在 450 万千瓦左右，是湖北省重要的水能基地。但武陵山区能源资源开发面临很多困难，例如区域内水电开发以小型为主，引水式电站较多，在电力系统中竞争能力较弱，今后如何在能源开发利用上做好科学规划和效率管理，加大政策扶持和招商引资力度仍然是武陵山区能源资源开发利用急需解决的难题。

（八）旅游资源产业化程度不高

武陵山区特殊的地理区位、独特的自然景观、古朴的民族文化，造就了丰富的旅游资源。"神秘湘西游"、恩施大峡谷、利川腾龙洞、原始森林坪坝营、酉阳桃花源享誉海内外。武陵山区也是一个具有光荣革命传统的老区，土家、苗、侗等各族人民在这里创造了绚丽多彩的民族文化。重庆市黔江区土家族的南溪号子、贵州省铜仁市的傩戏、土家族民歌《罗尔调》、土家摆手舞等传统文化彰显了少数民族群众的勤劳和智慧。但是，武陵山区旅游资源缺乏保护和利用，主要原因为：一是交通基础设施和吃住玩等配套设施仍然建设不够，旅游资源难以得到有效整合和开发；二是缺乏区域旅游资源整合机制，存在同质化竞争；三是缺乏旅游人才资源和产业数字化建设。

二、导致武陵山区农民收入较低的人力资本问题分析

人力资本是指农民拥有的技术、知识、劳动能力、健康营养和适应变化的能力，从而实现不同的生计策略以实现生计目标。在家庭层面，人力资本是劳动力数量和质量的总和。武陵山区人力资本相对不足，根据 2020 年中国人口普查分县资料，武陵山区 71 个县 2020 年常住人口 29834566 人，与 2010 年第六次全国人口普查的 30818860 人相比，减少了 984294

人，下降 3.3%。71 县(市、区)中有 48 个县人口在减少，其中邵阳县、冷水江市、新邵县、安化县、洞口县、武冈市、丰都县减少接近 10 万人。2020 年该地区 15～64 岁人口占总人口比重为 63.09%，全国为 68.55%，武陵山区劳动力资源比例低于全国平均水平。从受教育程度来看，15 岁以上人口文盲率为 4.07%，高于全国 3.26%的平均水平。由此可见，该地区劳动力资源质量低于全国平均水平。同时，该地区城镇化率为 46.32%，低于全国 17.52 个百分点，农林牧渔业生产及辅助人员比率为 30.04%，高于全国的 20.53%，从事第一产业劳动力相对较多。此外，该地区男女性别比例与全国大致相近，每个家庭人口约 2.67 人，略高于全国(表 2-2)。

表 2-2　武陵山区人力资本统计

指　标	单位	全国	武陵山区
总人口	万人	141178	2983.4566
性别比	以女性为 100	104.8	105
城镇化率	%	63.84	46.32
家庭户规模	人/户	2.62	2.67
15～64 岁人口比重	%	68.55	63.09
少数民族人口比重	%	8.89	42.23
平均受教育年限	年	9.5	8.66
15 岁及以上人口文盲率[①]	%	3.26	4.07
农林牧渔业生产及辅助人员比率[②]	%	20.53	30.04

注：①该指标是 15 岁及以上文盲人口与 15 岁及以上人口数量的比值。②该指标是农林牧渔业生产及辅助人员与各种职业人口数量的比值。③资料来源于《中国人口普查分县资料 2020》。

三、导致武陵山区农民收入较低的物质资本问题分析

物质资本指用于农民经济生产过程中除去自然资源的物质,包括基础设施、工具和技术。基础设施包括交通道路和运输工具、安全住所、饮水与卫生设施、能源、通信等设施;工具包括生产工具、种子、肥料、农药等生产资料;技术主要指农业经营传统技术。

(一)基础设施

基础设施建设还差"最后一公里"。交通方面,围绕构建"两环四横五纵"交通主通道,2013年以来区域交通互联互通水平不断提高,建设了沪昆客专、沪昆高速、杭瑞高速、包茂高速等一批高速铁路及高速公路。改扩建和新建了恩施许家坪、黔江武陵山、怀化芷江、张家界荷花、铜仁凤凰等机场,长江、乌江、清江、沅水、资江、澧水航道建设及重庆丰都港区、石柱港区建设工程有序推进,构建起了连接重庆、武汉、长沙、贵阳等中心城市的立体综合运输通道。省际断头路、断航道等问题不断得到解决,区域内国道、省道、县道和乡村公路不断衔接完善,初步形成了以高速铁路、高速公路、航空航线、水运航线为连线,快速通达的交通网络。①但在省际通道建设上还存在不少"断头路",如铜仁至怀化、道真至武隆高速公路,铜仁至吉首高铁等。片区一些中心城市也还没有实现相互直接互联互通,如吉首至黔江高速等。②

农田水利设施方面,笔者调查的武陵山区这几年都遭受到不同程度的干旱,河流干枯,水源减少,新水源距离村民家很远,挑水困难,人畜饮水受到极大影响。同时,农田水利设施非常落后,设施老化失修,维修投入无保障,农业生产还是望天收。饮水设施方面,武陵山区每个村虽然通

①　贵州省政协. 协作联动 互联互通 共建多赢[EB/OL]. (2019-10-19). https://www.gzzxb.org.cn/doc/detail/d_1308427104026656.

②　贵州省政协. 协商成果推动武陵山片区脱贫攻坚取得决定性进展[EB/OL]. (2020-01-14). https://www.gzzxb.org.cn/doc/detail/2685/A3.

了自然水，但维护力度还不够，有时候停水，村民的饮用水仍然需要靠挖井或到湖泊中挑水取得。电网改造方面，武陵山区各个行政村已全部通电，但是电网改造很慢：一是电网大多线路老化，只要下雨、刮风、打雷就可能会停电；二是电网大多通过深山老林，导致电压不稳；三是农民生活水平提高，导致电力供需矛盾突出。

（二）生活设施

武陵山区住房设施较好，但现代化设施条件一般。根据表 2-3，从住房条件来看，2020 年武陵山区人均住房面积 49.23 平方米，高于全国平均水平，户均 4.08 间房，自建房的家庭比重为 71.24%，购买商品房的家庭比重为 17.27%。其中，恩施州、张家界市和铜仁市户均 4 间房，人均居住面积超过 48 平方米。98.8% 的家庭有厕所，93.76% 的家庭有洗澡设施，

表 2-3　武陵山区物质资本统计：生活设施

地区	户均住房间数（间/户）	人均住房面积（m²/人）	有厕所（%）	有洗澡设施（%）	住房来源：自建（%）	住房来源：购买（%）	住房所在建筑有电梯（%）	拥有家用汽车（%）
全国	3.2	41.76	96.55	88.41	46.03	34.27	19.68	41.67
武陵山区 71 县	4.08	49.23	98.8	93.76	71.24	17.27	8.12	30.88
恩施州	4.04	56.39	99.78	96.64	66.79	15.57	10.90	41.57
张家界市	4.15	49.64	99.38	95.84	74.58	15.46	9.30	32.51
怀化市	3.66	44.26	98.68	94.13	64.79	23.57	6.27	22.85
湘西州	3.93	41.94	98.75	88.41	69.24	19.62	8.31	23.85
黔江区	3.81	48.26	98.18	88.10	53.84	23.61	17.34	40.01
遵义市	4	43.55	99.50	95.93	54.02	29.24	15.67	39.03
铜仁市	4.28	48.51	98.95	92.71	69.59	17.65	10.38	32.16

资料来源：《中国人口普查分县资料 2020》。

卫生条件较好。住房有电梯的比例为 8.12%，拥有家用汽车的比例为 30.88%，均低于全国平均水平，说明现代化设施条件一般。

（三）生产物资

武陵山区生产工具与物资投入较低。根据图 2-3，2021 年该地区全社会人均固定资产投资为 31859 元，低于全国 38302 元的平均水平。其中，洪江市最少，仅有 2733.72 元，泸溪县和正安县人均投资也不超过万元，低于 3 万元的合计有 33 个县。涟源市和中方县最多，均在 10 万元左右。在农业生产条件上，武陵山区物资投入还是不足的。以恩施州为例，2021 年农业机械总动力每公顷为 3.56 千瓦，低于湖北省 5.83 千瓦的平均水平；恩施州当年实际机耕面积比率为 52%，低于湖北省 77% 的平均水平；每个乡村人口的用电量为 427 度，低于湖北省 324 度的平均水平。①

图 2-3　武陵山区 71 个县（市、区）人均固定资产投资额（2021 年）

注：资料来源于各县（市、区）地方统计公报、所在地级市（州、区）统计年鉴、《中国人口普查分县资料 2020》，经笔者整理统计得出。

___

①　全社会人均固定资产投资是全社会固定资产投资额与 2020 年人口普查常住人口的比值；单位土地面积的农业机械总动力是农业机械总动力与农作物播种面积的比值；当年实际机耕面积比率是当年实际机耕面积与农作物播种面积的比值；每个乡村人口的农村用电量是农村用电量与 2020 年人口普查乡村人口的比值。

四、导致武陵山区农民收入较低的金融资本问题分析

金融资本指农民用于生产和消费的资金，包括储蓄、贷款或借债、汇款、养老金、工资及其他收入。武陵山区金融资本相对匮乏。根据表 2-4，2020 年该地区人均财政收入和支出均低于全国地方政府平均水平，尤其是人均地方财政收入只有 1604 元，这反映出武陵山区地方政府对地方经济调控能力相对有限。同时，该地区人均金融机构贷款余额也低于全国平均水平，反映该地区金融市场促进地方经济增长作用相对有限。另外，城乡居民人均储蓄存款余额和城乡居民人均可支配收入也远低于全国，反映出该地区农村居民金融资本相对匮乏。在没有中央政府和社会组织帮助的情况下，地方政府公共投资不足，金融机构服务能力弱，农村居民融资困难，这将使该地区长期处于开发不足状态。

表 2-4　全国与武陵山区金融资本统计（2020 年）

指　标	单位	全国	武陵山区
人均地方财政收入	元/人	12955	1604
人均地方财政支出	元/人	17396	10583
人均金融机构贷款余额	元/人	154698	39769
城乡居民人均储蓄存款余额	元/人	126365	40595
城镇居民人均可支配收入	元/人	43834	30813
农村居民人均可支配收入	元/人	17131	12672

注：资料来源于武陵山区 71 个县（市、区）地方统计公报、地方统计年鉴、《中国统计年鉴 2021》《中国人口普查分县资料 2020》。表格中的人均指标，除城乡居民收入外，均为总量指标除以当地第七次人口普查总人口所得。

五、导致武陵山区农民收入较低的社会资本问题分析

社会资本指农民为追求生计目标而利用的社会资源。包括：社会关系（例如，家人、亲戚、邻居、朋友），正式和非正式组织的成员关系，基于信任、互惠和交换的关系，对外的集体诉求，参与决策的能力，领导能力等。武陵山区农民社会资本非常有限。

第一，区内缺少大城市，农民很难利用城市资源。武陵山区现有各地（市、州）行政中心城市多为中等城市或小城市。根据第七次人口普查数据，2020年末恩施州恩施市常住人口有84万人，怀化市鹤城区有71万人，张家界市永定区有52万人，这三地为中等城市。湘西州吉首市41万人，黔江区49万人，铜仁市碧江区44万人，这三地为小城市。区域内各行政中心与所在省（直辖市）的省会城市都在300公里以上，如铜仁离贵阳360公里，恩施距武汉640公里，黔江距重庆320公里，吉首距长沙400公里，怀化距长沙450公里。武陵山区不容易接受外部经济辐射，容易形成"环形空洞"。此外，经过多年城镇化建设与发展，武陵山区城市化水平有了很大提高，特别是近几年呈现出加速发展的良好势头，但与全国及所属省市相比，差距仍然很大。2020年，武陵山区城市化率仅为46.32%，远远低于同期全国63.84%的城市化水平。武陵山区12个县市城市化率不足40%，其中，湖南省怀化市溆浦县城市化率最低，仅为27.4%。离省会城市较远，中心城市规模较小，城市的成长能力和辐射能力对农村经济增长拉动不够，导致农民可获得的城市资源非常有限。

第二，区内规模以上企业太少，进入门槛高。根据估算，2021年武陵山区规模以上工业总产值每个企业平均为1.11亿元，低于浙江省同期1.77亿元的平均水平。贵州省务川县只有14家规模以上企业，江口县有11家，接近一半的县不超过50家企业，且有的县规模以上企业个数近年来还在持续减少。如湖北省秭归县2016—2021年规模以上工业企业单位数依次为84、81、59、59、53和50个。此外，进入这些企业成为正式职工，

应聘者至少要有大专文凭或相应职称，缺乏前期人力资本投入的农民很难通过应聘进入。

第三，公共部门从业人员较少，社会资本相对匮乏。根据第七次人口普查资料，2020年武陵山区农林牧渔业生产及辅助人员比率为30.04%，远高于全国20.53%的平均水平。武陵山区在党的机关、国家机关、群众团体和社会组织、企事业单位的负责人比例只有1.55%，全国为2.21%。武陵山区专业技术人员比例为7.3%，全国为10.4%。

面对社会资本相对匮乏的局面，武陵山区农民去地级市州外务工的人较多，去东部地区的人也比较多。以恩施州为例，2019年恩施州在本乡镇内从业人数为96.64万人，外出从业人员89.58万人。外出从业人员中外出从业6个月以上的人口为76.8%，省外从业人口比例为65.3%。省外从业人员中的80.6%去了东部地区，尤其是浙江和广东。①

第三节　促进武陵山区农民增收的主要财政政策梳理

改革开放以来，武陵山区农民收入快速增长，如期打赢了脱贫攻坚战，实现了全面建成小康社会的目标，历史性地解决了绝对贫困问题，这不得不说受益于中国这样一个庞大的公共财政政策扶持体系。武陵山区正继续稳扎稳打巩固拓展脱贫攻坚成果，确保不发生规模性返贫。但是，与全国及所在省平均水平相比，这种公共财政扶持力度仍然是不足的，2020年全国人均地方财政支出为17396元，武陵山区平均为10583元(表2-4)。事实上，当前该地区农户生计活动也越来越受到公共财政政策的影响。这些政策不仅包括直接增加农民收入的财政政策，也包括增加农民生计资本的间接增收的财政政策。

① 资料来源于《恩施州统计年鉴2019》。

一、直接增收的公共财政政策

(一)税收优惠①

税收优惠指政府在税收方面采取的激励和照顾措施，以减轻某些纳税人的税务负担，从而促进国家在一定时期的政治、经济和社会发展总目标的实现。涉及农户生计的税收优惠主要包括农业税、牧业税、增值税、企业所得税、个人所得税和其他税收等的减免措施。

(1)取消农业税、牧业税和农业特产税。2004年，中央一号文件《中共中央国务院关于促进农民增加收入若干政策的意见》颁布后，我国于2006年全面取消农业税和农业特产税，直接增加了农民收入。

(2)取消个人所得税。适用于以下情况：①中国政府对个人、个体户从事种植业、养殖业、饲养业和捕捞业，取得的"四业"所得，暂不征收个人所得税。②易地扶贫搬迁税收优惠政策。2025年12月31日前，对易地搬迁贫困人口免征个人所得税。③个人将其所得对教育、扶贫、济困等公益慈善事业进行捐赠，捐赠额未超过纳税人申报的应纳税所得额30%的部分，可以从其应纳税所得额中扣除。

(3)减免增值税。适用于以下情况：①转让土地使用权、流转承包地或出租国有农用地给农业生产者用于农业生产；②进口玉米糠、稻米糠等饲料，单一大宗饲料等的国内流通环节；③生产销售有机肥、滴灌产品、农膜、种子、种苗、农药、农机、农业服务，以及农业生产者销售的自产农产品；④"公司+农户"经营模式销售畜禽、农民专业合作社销售本社成员生产的农产品、农民专业合作社向本社成员销售部分农用物资；⑤蔬菜流通环节、部分鲜活肉蛋产品流通环节、边销茶销售；⑥提供社区养老、托育、家政服务取得的收入；⑦残疾人群体，残疾人创业；⑧饮水工程、农村电网维护；⑨增值税小规模纳税人适用3%征收率的应税销售收入；

---

① 资料来源于国家税务总局网站。

适用3%预征率的预缴增值税项目，暂停预缴增值税；⑩对金融机构农户小额贷款利息收入、金融机构小微企业及个体工商户小额贷款利息收入、小额贷款公司农户小额贷款利息收入、农牧保险业务、为农户及小型微型企业提供融资担保及再担保业务，等等。

(4)减免企业所得税。适用于以下情况：①民族自治地方企业减征或者免征属于地方分享的企业所得税。民族自治地方的自治机关对本民族自治地方的企业应缴纳的企业所得税中属于地方分享的部分，可以决定减征或者免征。②对设在西部地区的鼓励类产业企业减按15%的税率征收企业所得税(武陵山区仅有湖北省恩施土家族苗族自治州和湖南省湘西土家族苗族自治州可享受此政策)。③对小型微利企业减免企业所得税，等等。

(5)免征城镇土地使用税。适用于以下情况：①直接用于农、林、牧、渔业生产用地；②农产品批发市场、农贸市场；③用于提供社区养老、托育、家政服务的房产、土地；④易地扶贫搬迁项目实施主体；⑤水利设施用地；⑥农村饮水安全工程运营管理单位自用土地；⑦安置残疾人就业的企业残疾人工资加计扣除和安置残疾人就业的单位减免城镇土地使用税。

(6)减免契税。免征方面适用于以下情况：①农村集体经济组织股份合作制改革；②农村集体经济组织清产核资；③农村土地、房屋确权登记；④承受房屋、土地用于提供社区养老、托育、家政服务；⑤易地搬迁贫困人口取得的安置住房；⑥易地扶贫搬迁项目实施主体购置的安置房；⑦建设农村饮水安全工程承受的土地使用权；⑧农村烈属等优抚对象及低保农民新建自用住宅。减征方面适用于以下情况：农村居民占用耕地新建自用住宅减半征收耕地占用税。

(7)免征印花税。适用于以下情况：①收回集体资产签订的产权转移书据；②农民专业合作社与本社成员签订的涉农购销合同；③国家指定收购部门订立农副产品收购合同；④易地扶贫搬迁项目实施主体购置的安置房；⑤饮水工程；⑥金融机构与小型微型企业签订的借款合同、农牧业畜类保险合同。

(8)免征房产税。适用于以下情况：①农产品批发市场、农贸市场；

②用于提供社区养老、托育、家政服务的房产、土地。

(9)减征地方"六税两费"、免征文化事业建设费。自 2022 年 1 月 1 日至 2024 年 12 月 31 日，对增值税小规模纳税人、小型微利企业和个体工商户可以在 50%的税额幅度内减征资源税、城市维护建设税、房产税、城镇土地使用税、印花税、耕地占用税和教育费附加、地方教育费附加，免征文化事业建设费。

（二）直接增收的社会保障政策

1. 社会救助

社会救助是指国家和其他社会主体对自然灾害的受害者、丧失劳动能力者和其他贫困者给予物质援助或精神救济，以保障其最低生活水平的各种措施。武陵山区农村社会救助是以农村居民最低生活保障为主，五保户救助、大病救助等专项救助为辅，灾害救助等临时救助为补充的救助体系。对于残疾人和"三留守"人员，政府均连续多年颁布相关文件强化帮扶细节。同时建立健全社会救助和保障标准与物价上涨挂钩联动机制，稳定保障救助水平。2017 年，民政部等印发《关于进一步加强农村最低生活保障制度与扶贫开发政策有效衔接的通知》，① 督促农村低保标准不低于国家扶贫标准，农村低保金既可按照现行规定补差发放，也可以分档发放，对于获得低保后生活仍有困难的老年人、未成年人、重度残疾人和重病患者等特殊困难人群，可根据当地规定适当增发低保金。

2. 城乡居民基本养老保险

2009 年 9 月 1 日，国务院印发了《国务院关于开展新型农村社会养老保险试点的指导意见》，要求建立农村居民养老保险制度，以保障他们年老时的基本生活。2014 年印发了《国务院关于建立统一的城乡居民基本养老保险制度的意见》，将新型农村社会养老保险和城镇居民社会养老保险合并实施，在全国范围内建立统一的城乡居民基本养老保险制度，年满 16

---

① 民政部，国务院扶贫办. 关于进一步加强农村最低生活保障制度与扶贫开发政策有效衔接的通知 [EB/OL]. (2018-11-03). https://www.mca.gov.cn/article/gk/wj/201811/20181100012656.shtml.

周岁以上居民自愿参加。该保险是以个人缴费、集体补助、政府补贴相结合的方式进行筹资，基本养老金由基础养老金和个人账户养老金组成。养老待遇由社会统筹与个人账户相结合，支付终生。① 以重庆市为例，不满60 周岁的人员，自 2022 年 1 月 1 日起，城乡居民养老保险缴费标准分别为200 元、300 元、400 元、500 元、600 元、700 元、800 元、900 元、1000 元、1500 元、2000 元、3000 元、4000 元 13 个档次，由参保人自愿选择。中青年参保人员按规定缴纳养老保险费后，政府对其进行缴费补贴，其补贴标准分别为一档 40 元、二档 50 元、三档 60 元、四档 70 元、五档 80 元、六档 90元、七档 100 元、八档 110 元、九档 120 元、十档 130 元、十一档 140 元、十二档 160 元、十三档 175 元。基础养老金标准为每人每月 125 元，基础养老金标准随经济发展和物价变化等因素适时调整。缴费年限超过 15 年(不足一年按一年计算)的参保人员，在领取养老待遇时，每超过一年每月增发 2元基础养老金；个人账户养老金标准为中青年参保者个人账户累计储存额除以 139。老年参保人员选择缴费的，个人账户养老金按参保时缴纳的个人账户养老金标准确定。老年参保人员未选择缴费的，无个人账户养老金。同时，独生子女父母和 70 周岁及以上人员，从领取基本养老金之月起每月增加 10 元基本养老金。基本养老保险增加了农村老年人收入，对于中青年农民来说，减轻了他们的养老顾虑和对父母的赡养负担。②

(三)农业补贴③

1. 价格支持补贴

最低收购价政策是国家为保护农民利益、保障农产品市场供应而实施

---

①　国务院关于建立统一的城乡居民基本养老保险制度的意见[EB/OL].（2014-02-26）. http://www.gov.cn/zhengce/content/2014-02/26/content_8656.htm.

②　重庆市城乡居民基本养老保险政策介绍[EB/OL].（2022-09-23）. http://www.cqsdj.gov.cn/bmjz/jz/bjz_73586/zwgk_73590/fdzdgknr_73592/lzyj_73593/zcwj_73594/202209/t20220923_11136722.html.

③　财政部、农业农村部发布 2022 年重点强农惠农政策[EB/OL].（2022-06-10）. http://www.gov.cn/xinwen/2022-06/10/content_5695131.htm.

的一种价格调控政策。一般情况下，农产品收购价格由市场供求决定，必要时由国务院决定对短缺的重点农产品品种，例如稻谷、小麦、玉米、大豆、油菜籽等，实行最低收购价格。当市场价格低于收购价时，国家委托符合条件的企业按政府收购价来收购农产品。同时，在农产品短缺时期，调节上市时间，发挥地方政府储备和商业储备的应急调节作用，缓解农产品市场供求矛盾。武陵山区均有实施农产品最低收购价政策。同时，开展重要农产品目标价格补贴试点。

2. 收入支持补贴

一是在种植业方面，将种粮农民直接补贴、良种补贴和农资综合补贴合并为农业支持保护补贴，并向种粮大户、家庭农场、农民合作社、粮食主产区倾斜，体现"谁多种粮食，就优先支持谁"的政策优惠；① 实施玉米大豆生产者补贴、稻谷补贴和产粮大县奖励；在耕地地力保护、农机深松整地、耕地轮作休耕中给予相应补贴，等等。

二是在畜牧业方面，实施生猪良种补贴和能繁母猪补贴政策；实施奶牛良种补贴、优质后备奶牛饲养补贴政策；实施动物疫病强制免疫补助等政策；实施生猪(牛羊)调出大县奖励，等等。

三是在渔业发展方面，支持脱贫地区特色水产品加工、稻渔和大水面等生态产品加工，并给予相应补贴。

四是在农机具和社会化服务方面，优化农机购置补贴，降低或停止保有量明显过多和技术相对落后的农机品类，支持将粮油作物生产机械化薄弱环节、玉米大豆带状复合种植所需创新产品和成套设施装备纳入补贴试点，按规定适当提高补贴标准。② 此外采取以奖代补、作业补贴等多种方式，推进集中连片开展农业生产社会化服务。③

① 财政部，等. 关于全面推开农业"三项补贴"改革工作的通知[EB/OL]. (2016-04-26). http://www.xinhuanet.com/politics/2016/04/29/c_128945263.htm.

② 农业农村部，财政. 关于做好 2022 年农业生产发展等项目实施工作的通知[EB/OL]. (2022-05-09). https://www.gov.cn/zhengce/zhengceku/2022-05/13-content_5690136.htm.

③ 财政部、农业农村部发布 2021 年重点强农惠农政策[EB/OL]. (2021-07-02). http://nys.mof.gov.cn/bgtGongZuoDongTai_1_1_1_1_3/202107/t20210702_3729138.htm.

（四）金融支持①

一是推动建立全国农业信贷担保体系，通过正式金融机构等开展信贷服务。正式金融机构包括中国农业银行、中国邮政储蓄银行、农村信用社（部分地区改成农村商业银行）等，这些机构对符合条件的农户进行信贷服务，贷款利息低于市场利息率，政府对这些金融机构进行补贴，借此减少农民还贷成本。在服务流程方面推进农业经营主体信贷直通车常态化，同时在全国开展农村承包土地的经营权和农民住房财产权抵押贷款项目。农业信贷担保服务重点服务家庭农场、农民合作社、农业社会化服务组织、小微农业企业等农业适度规模的经营主体。范围限定为农业生产及与其直接相关的产业融合项目，突出对粮食等重要农产品生产的支持。中央财政对政策性农担业务实行担保费用补助和业务奖补，支持省级农担公司降低担保费用和应对代偿风险，确保政策性农担业务贷款主体实际负担的担保费率不超过 0.8%。② 同时，实施民贸企业贴息贷款，政府对贷款利息进行补贴，减少民贸企业还贷成本。

二是供销社系统农民专业合作社规范开展资金互助。农民资金互助合作社依法合规筹集和调剂社员的闲余资金，用于互助投放社员生产生活等方面，以利于缓解农民贷款难，支持"三农"发展。③ 但是，农民资金互助合作社严禁吸收区域外、城市居民等不符合条件的人员直接或变相入社。吸纳的互助股金应严格限制在社员内进行，严禁向不特定对象吸纳资金，社员缴纳互助股金必须以货币资金出资，一年吸纳 1 至 2 次。④

---

① 财政部、农业农村部发布 2022 年重点强农惠农政策［EB/OL］.（2022-06-10）. http://www.gov.cn/xinwen/2022-06/10/content_5695131.htm.

② 财政部、农业农村部发布 2021 年重点强农惠农政策［EB/OL］.（2021-07-02）. http://nys.mof.gov.cn/bgtGongZuoDongTai_1_1_1_3/202107/t2021070 2_3729138.htm.

③ 安徽省供销合作社联合社办公室关于加强供销社系统农民合作社规范开展资金互助业务的通知［EB/OL］.（2015-04-01）. https://gxs.fy.gov.cn/content/detail/5c41a71a70a288add994500a.html.

④ 江苏省人民政府. 省政府办公厅关于加强农民资金互助合作社规范管理的指导意见［EB/OL］.（2015-11-13）. http://www.jiangsu.gov.cn/art/2015/11/13/art_46143_2543046.html.

三是政策性农业保险。保险公司收取较低的保险费率，对农民主要农产品(例如水稻、生猪)和农房进行保险，从而将农业经营风险(主要是自然灾害风险)转嫁给保险公司，农民由此获得稳定的农业收入，而政府对保险公司损失再进行补贴。2022年政府推进稻谷、小麦、玉米完全成本保险和收入保险试点，同时将农机大棚、农房仓库等农业生产设施设备纳入保障范围。①

(五)生态补偿②

生态补偿是国家对生态资源开发、环境开发利用中对农户自然资本被占用而进行的补偿，包括：(1)退耕还林补助。一是坡度在25°以上的坡耕地退耕还林。二是宜林荒山荒地造林。按照核定面积，国家在一定期限内无偿提供适度的粮食、种苗造林费和生活费。(2)天然林管护费补助。政府对农民所有的地方公益林管护费进行补助，同时实施林木良种、造林、森林抚育等林业补贴政策。(3)禁捕补偿。政府建立长江流域重点水域禁捕补偿制度，对于禁渔期渔民给予收入补偿,③ 等等。

(六)巩固拓展脱贫攻坚成果与乡村振兴有效衔接

巩固拓展脱贫攻坚成果同乡村振兴有效衔接，增强脱贫地区内生发展能力，国家建立农村低收入人口、欠发达地区帮扶长效机制，建立健全易返贫致贫人口动态监测预警和帮扶机制，为实现由集中资源支持脱贫攻坚向全面推进乡村振兴平稳过渡提供制度保障。同时，加大对革命老区、民

---

① 中国人民银行，等. 关于金融支持新型农业经营主体发展的意见[EB/OL]. (2021-05-18). https://www.gov.cn/zhengce/zhengceku/2021-05/25/content_5611723.htm.
② 财政部、农业农村部发布2022年重点强农惠农政策[EB/OL]. (2022-06-10). http://www.gov.cn/xinwen/2022-06/10/content_5695131.htm.
③ 农业农村部，财政部，人力资源社会保障部. 关于印发《长江流域重点水域禁捕和建立补偿制度实施方案》的通知[EB/OL]. (2019-01-11). http://www.huanbao-world.com/a/zhengce/2019/0112/76268.html.

族地区、边疆地区实施乡村振兴战略的支持力度。①

二、间接增收的公共财政政策②

2020年我国完成脱贫攻坚任务，转入全面推进乡村振兴工作，公共财政政策类型也由救助、保障型政策为主转向以产业型政策为主，同时与巩固拓展政策衔接。中央及各级财政加大农民增收的扶持政策措施，包括建立健全农业支持保护体系和实施乡村振兴战略财政投入保障制度；用于现代农业设施建设和乡村建设的资金筹集可以依法发行政府债券；完善涉农资金统筹整合长效机制；构建以高质量绿色发展为导向的新型农业补贴政策体系；调整完善土地使用权出让收入使用范围，提高农业农村投入比例；相关专项资金、基金应当按照规定加强对乡村振兴的支持等。根据2021年《中共中央国务院关于全面推进乡村振兴 加快农业农村现代化的意见》《中华人民共和国乡村振兴促进法》以及农业农村部颁布的一系列"十四五"规划，促进农民间接增收的公共财政政策包括：

(一)加大乡村建设

(1)依法编制村庄规划，分类有序推进村庄建设。因地制宜、规划先行、循序渐进，顺应村庄发展规律，按照方便群众生产生活、保持乡村功能和特色的原则，因地制宜安排村庄布局，依法编制村庄规划，分类有序推进村庄建设。加强对历史文化名城名镇名村、传统村落和乡村风貌、少数民族特色村寨的保护，开展保护状况监测和评估，采取措施防御和减轻

---

① 中华人民共和国中央人民政府. 中华人民共和国乡村振兴促进法[EB/OL].(2021-04-30). http://www.npc.gov.cn/npc/c30834/202104/8777a961929c4757935ed2826ba967fd.shtml.

② 中华人民共和国中央人民政府. 中华人民共和国乡村振兴促进法[EB/OL].(2021-04-29). http://www.npc.gov.cn/npc/c30834/202104/8777a961929c4757935ed2826ba967fd.shtml;《乡村振兴促进法》权威解读[EB/OL]. (2022-04-11). https://www.saihan.gov.cn/zwgk_new/bmxxgk/qzsgwbj/wtj/zfxxgknew/fdzdgknr/tzgg/202204/t20220411_1230263.html.

火灾、洪水、地震等灾害的发生。

（2）推动城乡基础设施互联互通。地方政府要统筹规划、建设、管护城乡道路、垃圾污水处理、消防减灾等公共基础设施和新型基础设施，推动城乡基础设施互联互通。建立政府、村级组织、企业、农民各方参与的共建共管共享机制，全面改善农村水电路气房讯等设施条件，推动公共基础设施往村覆盖、向户延伸，既有利于生活方便，又有利于生产条件改善。例如，中央财政在农产品产地冷藏保鲜设施建设方面，采取"先建后补、以奖代补"方式，支持在全国范围内推进农产品产地冷藏保鲜设施建设，并择优选择 100 个县开展农产品产地冷藏保鲜整县推进试点。此外，实施以工代赈，即政府投资建设基础设施工程，受赈济者参加工程建设获得劳务报酬。农村基础设施建设项目见表 2-5。

表 2-5　农村基础设施建设项目

项目类型	具 体 措 施
生产性设施	高标准农田建设、河流治理、小型病险水库除险加固、基层防汛预报预警体系建设、大型灌区续建配套节水改造、大型灌排泵站更新改造、规模化养殖场及农业科技园和高新技术产业示范区建设
生活性设施	饮水安全、农村电网、农村道路、客运服务、广播电视、清洁能源、特色民居、电信设施、天然气能源设施、信息网络等基础设施建设
流通性设施	产地市场建设，商业体系建设，以标准化菜市场、生鲜超市、集贸市场为主体的农产品零售市场建设，粮油仓储物流设施建设，农产品仓储保鲜冷链物流设施建设，农产品网上交易、连锁分销和农民网店等新型流通方式建设，供销合作社、大型商贸集团、邮政系统建设、县乡村三级物流点建设

项目类型	具 体 措 施
公益性设施	农村中小学校舍、公共健身设施、文化设施、养老服务设施、医疗卫生服务设施等建设
生态环境设施	自然保护区生态保护、水生生物保护区保护、农村人居环境、自然灾害监测预报预警、公共消防设施、农村有机废弃物收集转化利用网络体系建设等

资料来源：根据农业农村部、财政部、民政部等部门网站整理收集。

（3）健全农村基本公共服务体系。发展农村社会事业，促进公共教育、医疗卫生、社会保障等资源向农村倾斜；健全乡村便民服务体系，提升乡村公共服务数字化智能化水平，培育服务机构与服务类社会组织；完善城乡统筹的社会保障制度，支持乡村提高医疗卫生服务水平，支持发展农村普惠型养老服务和互助型养老等；建立健全城乡统一的人力资源市场，健全城乡均等的公共就业创业服务制度；鼓励社会资本到乡村发展与农民利益相连的项目，健全联农带农激励机制，实现乡村经济多元化和农业全产业链发展；鼓励农民进城务工，全面落实城乡劳动者平等就业、同工同酬机制，依法保障农民工工资支付和社会保障权益。

（二）发展乡村产业

（1）以农民为主体发展多形态特色的乡村产业。以农民为主体，培育新型农业经营主体，促进小农户和现代农业发展有机衔接，支持特色农业、休闲农业、现代农产品加工业等发展，支持特色农产品优势区、现代农业产业园等的建设。农业产业融合方面，中央财政分年分类对批准创建的国家现代农业产业园、优势特色产业集群、农业产业强镇给予奖补支持。择优支持创建一批粮食、种业、肉牛产业园和产业集群。同时，中央财政实施制种大县奖励，2021 年起在现有国家级制种大县范围内，聚焦稻谷、小麦、玉米、大豆、油菜等重点粮油品种实施制种大县奖励。此外，中央财政支持地理标志农产品保护。围绕产品特色化、身份标识化和全程数字化，加强地理标志农产品特色种质保存和特色品质保护，推动全产业链标准化全程质量控制，提升核心保护区生产及加工储运能力。

（2）发展壮大农村集体经济。完善农村集体产权制度，增强农村集体所有制经济发展活力，促进集体资产保值增值，引导和支持农村集体经济组织发挥依法管理集体资产、合理开发集体资源、服务集体成员等方面的作用，保障农村集体经济组织的独立运营，更好地服务本集体及其成员。

（3）加强农业技术创新和科技推广。支持育种基础性、前沿性和应用技术研究，实施关键技术攻关；构建以企业为主体、产学研协同的创新机制，健全产权保护制度，保障对农业科技基础性、公益性研究的投入；加强农业技术推广体系建设，促进建立有利于农业科技成果转化推广的激励机制和利益分享机制。

（三）加大乡村人才支撑力度

包括健全乡村人才工作体制机制，提供教育培训、技术支持、创业指导等服务，培养本土人才，引导城市人才下乡，推动专业人才服务乡村，促进农业农村人才队伍建设；持续改善农村学校办学条件，支持开展网络远程教育，提高农村基础教育质量，加大乡村教师培养力度，加强乡村医疗卫生队伍建设；培育农业科技人才、经营管理人才、法律服务人才、社会工作人才，加强乡村文化人才队伍建设。

（四）传承农村优秀传统文化

包括丰富农民文化体育生活，倡导科学健康的生产生活方式；健全完善乡村公共文化体育设施网络和服务运行机制，开展形式多样的农民群众性文化体育、节日民俗等活动；保护农业文化遗产和非物质文化遗产，挖掘优秀农业文化深厚内涵，弘扬红色文化，传承和发展优秀传统文化；建设特色鲜明及优势突出的农业文化展示区、文化产业特色村落，发展乡村特色文化体育产业，推动乡村地区传统工艺振兴，积极推动智慧广电乡村建设，活跃繁荣农村文化市场。

(五)加强生态保护力度

包括农业防灾减灾、重要生态系统保护和修复、乡村生态保护和环境治理等。例如，中央财政对各地农业重大自然灾害及农业生物灾害的预防控制和灾后恢复生产工作给予适当补助，支持范围包括农业重大自然灾害预防及农业生物灾害防控所需的物资材料补助，恢复农业生产措施所需的物资材料补助等。此外，中央财政对动物疫病强制免疫、强制捕杀和养殖环节无害化处理工作给予补助，并且，在畜牧养殖大省、粮食和蔬菜主产区、生态保护重点区域，开展粪肥就地消纳、就近还田补奖试点。支持实施农村厕所革命整村推进财政奖补政策，分类有序推进农村厕所革命；开展农作物秸秆综合利用和地膜回收利用试点等。

第四节 可持续生计框架下公共财政对农民增收的作用探究

一、武陵山区农户可持续生计系统

当前，在享受改革开放带来的经济飞速增长成果的同时，我国也陷入了社会收入分配差距扩大的窘境。这种窘境一是反映在区域层面，东中西地区经济发展差距的扩大致使东中西居民的收入差距不断拉大；二是反映在产业层面，第一产业和第二三产业产值增长率差距的扩大导致从事第一产业的劳动报酬率越来越低，农业沦为现代化程度最低的落后产业；三是反映在城乡层面，中国早期经济发展是以城市发展为中心的，"工农产品剪刀差"政策为城市工业发展提供了资源，但导致城乡二元结构差距不断拉大，农民沦为中国社会低收入群体的主要成员。同时，正在转型期的中国也面临经济社会可持续发展的要求。根据 DFID 定义，经济社会可持续性是指：(1)环境可持续：支持生命的自然资源在未来代际是存续或增加的。(2)经济可持续：给定水平的支出能够长期保持，穷人的生计能够保持在基本经济福利水平以上；(3)社会可持续：社会排斥消失和社会公平最大化；(4)制度可持续：包括制度、法律、规则、社会伦理等能够长期发挥功能。因此，根据图 2-4，在整个可持续生计资本框架中，经济社会发展的终极目标至少包括：城乡差距缩少、农村福利提高、农业脆弱性减少、粮食安全和资源环境可持续。

农村社会系统是由一个个农户家庭小系统组成的，农村社会的发展离不开农户家庭的稳定，离不开农户可持续生计活动。根据 DFID 定义，农户可持续生计是指：(1)农户对外部的冲击和压制能够迅速恢复生计活动；(2)不依靠外部支持；(3)保持长期的生产力；(4)自主决定生计策略。当前，武陵山区农户可持续生计活动面临各种脆弱性背景。具体包括：(1)冲击。诸如流行病、自然灾害、经济冲击和群体性冲突的冲击能够直接破坏农户资产，甚至能够迫使人们放弃他们的家园和财产，由此放弃生计活动。例如，武陵山区近几年的干旱气候就造成当地居民饮水难，农产品大面积受灾。(2)趋势。诸如人口增长、资源开发、国内外经济状况、技术发展等趋势可能是良性或恶性的，虽然这可以预测，但对农户生计策略选择具有特别重要的影响。例如，近几年沿海地区出现"民工荒"，工厂大量招人，一个技术工人的日工资从 50 元涨到 200 元，导致武陵山区的许多青壮年，甚至个别种养大户，放弃农业生产，外出打工。(3)季节性波动。诸如价格、农产品产出和就业机会等季节性波动可能是良性或恶性的，并且和"趋势"一样，对农户生计策略选择也具有重要影响，尤其是农产品市场和农业生产资料市场价格波动对农户影响较大。受农产品产业链长、中间环节多、组织程度低影响，农户往往从农产品市场价格上涨中受益不多，却经常遭受农产品市场价格下跌、市场供给过剩的打击。例如，据笔者调查，重庆市黔江区某乡大部分的养猪大户(养殖千头以上)在部分年份放弃养猪而选择外出务工，原因是猪肉市场价格下跌，农资市场价格上涨，同时非农行业的工资上涨。由此可见，在冲击、趋势和季节性波动的

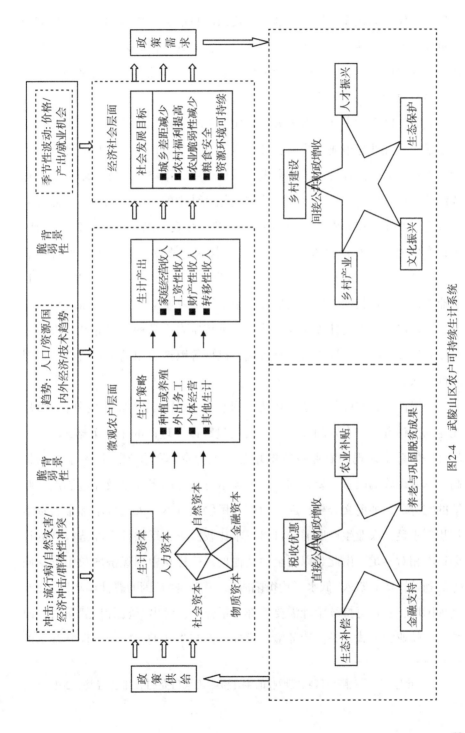

图2-4　武陵山区农户可持续生计系统

背景下，作为原先连片特困地区的武陵山区目前遭受更多的是脆弱性方面的负面影响。公共财政如何确保当地农户，尤其是低收入居民的可持续生计，确保他们的收入、就业机会和食品安全的可持续性，仍然是一个最基本、最重要和最持久的议题。

武陵山区农户生计资本由人力资本、社会资本、自然资本、物质资本和金融资本五部分组成。受脆弱性背景、政府政策供给、自身生计资本影响，农户作为经济理性人，将会做出最佳的生计策略。生计策略包括农林牧渔业生产、外出打工、个体经营或其他生计中的一种或几种，由此形成纯农户、兼业户和非农户不同的农户类型。纯农户以种植或养殖为生计，生计产出为家庭经营收入中的第一产业收入；兼业户大多务农和打工兼顾，生计产出为家庭经营收入和工资性收入；非农户主要指在政府部门、事业单位、企业长期工作的人员，由于不从事农业生产，所以称为"非农"户，生计产出为工资性收入。此外，从事特定农产品种植或养殖的农户还可以获得政府的转移性收入，有耕地、机械等财产出租的农户可以获得财产性收入。

一般而言，农民收入增长作为一种生计产出，源于安全的外部环境、充足的生计资本、有效的政策供需转变过程以及理性的生计策略，[①] 在市场经济体系中体现为农业投资的增加、人力资本的积累、技术水平的提高、基础设施的改善、要素和产品市场运行效率的提高以及经济制度与政策的完善。正如前文分析，武陵山区农民物质资本、人力资本和金融资本均积累不足，农业生产所需的自然资本比较匮乏，反映社会经济权利的社会资本相对不足，由此难以同全国其他地区一样从中国经济增长中分享同等的利益，从而陷入"低水平均衡陷阱"，甚至是"贫困的恶性循环"。面对这种困境，农户可持续生计需要外部力量介入，跳出"资源诅咒"陷阱，改善生产就业的方式、条件和环境，增强生产与生活的保障，确保其基本的

---

① 叶慧. 影响武陵山区农民增收的生计资本因素研究[J]. 北方经济，2013(8)：3-5.

发展能力与权利。这种介入就是公共财政工具，体现着财政的资源配置职能和收入分配职能，尤其是后者。

二、公共财政对农民增收的作用机理

(一)直接增加农民收入的公共财政工具作用机理

(1)税收优惠。涉及农户生计的税收主要包括增值税、个人所得税和企业所得税等。这些税收都会减少农户收入。截至目前，我国政府已取消了农业税、牧业税和农业特产税，取消农业经营者的个人所得税，减免农业经营者的增值税和企业所得税。这些税收优惠措施减轻了农户税收负担，直接增加了他们的收入，并为农户可持续生计活动提供金融资本。

(2)直接增收的社会保障政策。直接增加农民收入的社会保障政策包括社会救助、城乡居民基本养老保险。社会救助是确保农民基本生活水平的最后一道安全网，农村社会救助是以最低生活保障为主、专项救助为辅、临时救助为补充的社会救助体系。对于贫困者，给予最低生活补助金，增加其收入，确保其基本生活；对于鳏寡孤独等五保户，给予五保户专项救助，增加其收入；对于因病、因灾、因学致贫者，给予相应的专项救助或临时救助，增加其收入，确保其基本生活，使其尽快恢复生产经营。对于农民而言，社会救助不仅增加其穷困时期的金融资本，而且增加了社会资本。因为作为救助者，往往更容易得到政府的救助和社会的扶持。城乡居民基本养老保险则增加了农村老年人收入。

(3)农业补贴。农业补贴包括价格支持补贴和收入支持补贴。(1)价格支持补贴。我国最低价收购支持政策制定了特定农产品的市场最低收购价，政府对亏损农业企业进行补贴，由此保障了农民收入的可持续增长。(2)收入支持补贴。2004年以后我国政府实施对种粮农民的农业支持保护补贴、农机购置补贴、生猪良种补贴、能繁母猪补贴等。农业支持保护补贴增加了种粮农民收入，农机购置补贴增加了购买或维修农机具农民的收入，生猪良种补贴、能繁母猪补贴和奶牛良种补贴增加了养殖户收入。农业补贴往往与农民种植面积、农机具数量、养猪头数挂钩，补贴资金直接打到农户卡上或存折上，增加了农民金融资本，提高了农民从事农业生产经营的积极性。

(4)金融支持。金融信贷扶持能解决农户当前的金融资本匮乏问题，同时也间接支持其他生计资本的增长。目前农民可获得的金融信贷支持主要包括农村正式金融机构的信用贷款、农村资金互助合作社的贷款、农业合作社和民贸企业贴息贷款、政策性农业保险等。

(5)生态补偿。生态补偿虽然减少了农户可利用的自然资本，但增加了农户金融资本，有时也增加了农户新的自然资本。主要包括：(1)政府对农民进行退耕还林补贴，以此对水土资源进行保护。虽然减少了农户耕地资源，但增加了金融资本和林地资源。(2)政府对农民所有的地方公益林管护费进行补助，以此对天然林进行保护。虽然减少了农户可利用的林地资源，但增加了金融资本。(3)政府建立长江流域重点水域禁捕补偿制度，对于禁渔期渔民给予收入补偿，增加了农户金融资本和增强了自然资本的可持续性。

(二)间接增加农民收入的公共财政工具作用机理

(1)基础设施建设。农业生产性基础设施建设直接增加农户农业生产的物质资本，由此间接增加农民收入；农村生活性基础设施建设直接增加农户生活的物质资本，并且改善环境会带来更多的就业机会，间接增加农户生计的社会资本，由此间接增加农民收入；农村流通性基础设施建设增加了农民社会资本，提高了农民收入；公益性基础设施建设使农户能够获得更多教育机会及健康保护，直接增加农户生计的人力资本，由此间接促进农民增收；生态环境设施建设会增加农民生计的自然资本可持续性，同时，生态环境建设往往伴随生态补偿，直接增加农民收入。总之，农村基础设施建设增强了农户生计资本，间接促进了农民增收。

(2)健全基本公共服务体系。城乡居民医疗保险有效地提高农民健康水平，增强了他们的人力资本。义务教育学杂费免除政策使更多孩子受到教育，尤其是女童，由此间接增加了未来农民的人力资本。公共教育设施、医疗卫生条件和社会保障体系的建设和完善提高了农户人力资本，间接提高了农民收入。

（3）乡村产业发展。以农民为主体发展多形态特色的乡村产业增加了农民物质资本和金融资本，地理标志农产品保护增加农民自然资本和社会资本，使农产品更有市场竞争力。发展壮大农村集体经济增加了农民物质资本、社会资本和金融资本，增加了农民财产净收入、工资性收入和经营净收入。加强农业技术创新和科技推广，农业科技可以增加农户物质资本，提高农业生产效率，同时也可以提高农户的人力资本。主要做法包括：（1）农业技术推广服务。通过政府部门的基层公益性农技推广服务、科研教育机构的农技推广服务、农业社会化服务组织的农技推广服务，使农户掌握先进的农业技术，提高他们的物质资本。（2）农业教育培训。通过发展农业教育，培养农业科技人才和农村实用人才，增强农户人力资本和物质资本。通过农业科技投入，增强了农户生计资本，间接促进农民增收。

（4）其他方面。村庄规划通过加强乡村建设，提高了农户物质资本、社会资本和自然资本等；乡村人才支撑通过提供教育培训、技术支持、创业指导，增加农民人力资本；传承农村优秀传统文化通过文化振兴，增加农民人力资本、物质资本和社会资本；生态保护提高农民自然资本可持续性；通过建立农村低收入人口、欠发达地区帮扶长效机制，建立健全易返贫致贫人口动态监测预警和帮扶机制，① 对于低收入农户和欠发达地区农户五个方面的生计资本提高是有直接作用的。

三、可持续生计目标对公共财政需求的作用机理

正如上文分析，公共财政对农民增收的影响有两种渠道：一是政府实

---

① 中华人民共和国中央人民政府．中华人民共和国乡村振兴促进法［EB/OL］.（2021-04-30）. http://www.npc.gov.cn/npc/c30834/202104/8777a961929c4757935ed2826ba967fd.shtml.

施直接增加农民收入的若干公共财政工具；二是政府实施增强农户生计资本，间接促进农民增收的若干公共财政工具。其中，第二种渠道的范围更为广泛、方式更为灵活、效果更为持久，是当前武陵山区最主要和最重要的公共财政增收方式。但是，如果政策实施后政府仍然无法达到农民收入快速增长的预期目标，那么，这样的政策就需要进行调整。从生计资本角度分析，适宜的公共财政政策需要符合农户可持续生计目标，即政府需要了解和制定符合农户自身需求、能够增强农户生计资本的公共财政政策。目前，武陵山区许多政策的制定和实施都易与农户需求相脱节，容易导致政策预期目标和政策实施结果不一致。例如，针对贫困者制定的扶贫开发政策，往往使居住在贫困地区的富农更为受益，因为扶贫开发政策如果是产业扶持项目，贫困农户由于生计资本过于匮乏，自身积累不够，对扶贫开发政策无法形成有效需求，也就根本无法充分利用国家政策。但如果是现金补贴，则又容易滋生贫困者长期依赖、不思进取的心理。又比如，扶持农业生产的小额信贷，往往被正式金融机构所忽视，因为农户缺乏能够抵押的财产或担保人，正式金融机构的贷款资金由此更多流向城市或非农产业。事实上，农业和农村是金融资金最为匮乏、需求最为强烈的领域。因此，公共财政工具制定必须根据农户需求量身定制，不能照搬国外或国内发达地区的成功经验。根据图2-4，农户可持续生计目标对公共财政需求的作用机理现阐述如下：

（一）微观农户生计目标与经济社会发展目标偏差需要重新调整公共财政工具

第一，武陵山区农民收入较低事实与"城乡差距减少"目标不相符合。农户生计产出主要体现在农民收入上，因此农户生计产出目标应该是农民增收。然而，根据第一章的分析，武陵山区农民收入水平较低，与全国及所在省（市）的农民收入存在较大差距，这种事实与经济社会发展目标的"城乡差距减少"是不相符合的。

第二，武陵山区农村基础设施还差最后一公里事实与"农村福利提高"

目标不相符合。武陵山片区规划明确提出构建"两环四横五纵"交通主通道，2013年以来区域交通互联互通水平不断提高，但在省际通道建设上还存在不少"断头路"，片区中心城市也还没有实现直接互联互通，如吉首至黔江高速等。此外，农村水利设施、道路交通、饮水工程、医疗条件、教育资源都远远落后于城市，由此可见，武陵山区农村发展实践与经济社会发展目标的"农村福利提高"是不相符合的。

第三，武陵山区自然资本脆弱事实与"农业脆弱性减少"目标不相符合。武陵山区属于我国生态环境脆弱区中的石漠边沿区和石漠敏感地带，大多是喀斯特地貌，水土易流失，泥石流出现几率大。该地区地质构造复杂，气候变化异常，灾害天气频繁。年降水分布不均，极易形成洪灾和旱灾，且每年受冰雹、冰雪等自然灾害的袭击。同时，随着城镇化的快速发展，山区环境污染加剧。这种事实与经济社会发展目标的"农业脆弱性减少"是相违背的。

第四，农民增收目标与"粮食安全"目标之间存在冲突。武陵山区由于人多地少、山高坡陡，因此大多不适宜进行大规模粮食种植。"粮食安全"是经济社会发展目标中的一个持久性目标，但正如第二章分析的，能够增加农民收入的生计策略是外出务工，由此农户可持续生计目标与经济社会发展目标的"粮食安全"之间存在冲突。

第五，农民增收目标与"资源环境可持续"目标之间存在冲突。武陵山区农民工资性收入增长取决于农村二三产业的发展壮大，但由于基础设施条件较差，农村招商引资难度很大。同时，由于金融资本极其匮乏，本地企业发展后劲不足。在这样的情况下，农村非农产业的发展，一是依靠当地特色的自然资源，包括特色的生物资源和独特的旅游资源等；二是依靠当地相对廉价的人力资源。由于缺乏足够的资金，对自然资源的粗放式开发利用必然会损害当地的资源环境，对人力资源的利用往往是技术含量不高且牺牲环境的初级工业，由此农户可持续生计目标与经济社会发展目标的"资源环境可持续"是相冲突的。

（二）公共财政工具调整要符合"以人为本"原则

"以人为本"意味着农户增收主要靠自己，而不是政府的单方面"输血"。政府提供直接或间接的农民增收财政工具，也是为了支持农户生计的可持续性，这也决定了公共财政支持的投入力度、支持方式。"以人为本"原则在政策制定和实施中的具体要求为：一是政策制定前，需要分析农户的生产生活习惯以及他们随时间可能发生的改变；二是政策制定中，需要吸纳农户代表加入，让农户代表能够完全表达自己的观点；三是政策实施中，需要时刻关注不同政策和制度安排对农民或农户的生计产出的效果，尤其是对农民收入变动、易致贫返贫人数变动的评估；四是必须强调低收入群体对政策和制度安排的重要性，赋予他们充分的政策参与权；五是支持农户实现自己的生计目标。

（三）公共财政工具调整要符合农户可持续生计目标

农户生计可持续取决于农户生计资本增长的可持续，公共财政工具在此体现为公平的收入分配。从广义的角度来看，公共财政的分配调节涉及两个环节，一是初次分配，二是社会再分配。

初次分配是农民在市场竞争机制下通过参与生产经营或就业活动实现的，分配的结果取决于自身的要素禀赋条件和生产就业的环境，即物质资本、人力资本、金融资本、自然资本和社会资本的占有情况，生产要素及产品市场交易的制度结构，农产品生产的外部环境及条件，稳定的农业农村政策等。一般而言，在外部环境一定的条件下，生计资本不同将会导致收入回报不同，收入初次分配的差距也就不同，武陵山区农民增收缓慢的原因主要就在于此。

社会再分配则是政府按照公共财政目标来配置公共资源或干预初次分配实现的，即将公共资源投入特定部门、人群和区域或通过特定的农业农村政策与制度调整来调节农村居民的收入分配。国家应通过社会再分配来增强武陵山区农户生计资本，改善其生产与就业的条件及环境，增强农民的市场竞争能力，获得参与经济增长进程的机会，从而不断提高收入水平，使其基本生存和生活得到充分保障，在社会经济各个方面与全国及所在省的差距不断缩小。而实现这一目标，就需要通过一系列制度设计和政策干预来完成。因此，武陵山区公共财政工具应该体现在微观层面，一是实施能够直接增强当地农户生计资本的公共政策，尤其是扶贫开发、农业综合开发中的"到人到户"政策；二是实施能够减少生计脆弱性状况的公共政策，尤其是农村基础设施建设；三是实施能够间接增强农户生计资本的公共政策，尤其是社会保障、科教文卫等各项社会事业。通过以上措施，最终实现微观农户生计目标和经济社会发展目标的协调和共赢。

四、公共财政支持农民增收的难点剖析

21 世纪以来，随着国家对"三农"问题的关注，中央和地方政府不断对武陵山区加大政策扶持和资金投入力度。2004 年至 2022 年中央逐年出台涉农惠农的一号文件，2011 年国务院扶贫办和发改委公布《中国农村扶贫开发纲要（2011—2020 年）》《武陵山片区区域发展与扶贫攻坚规划（2011—2020 年）》，2020 年之后国务院办公厅及各部委发布多件与武陵山区相关的政策文件。

一是专项治理方面。如《"十四五"特殊类型地区振兴发展规划》《关于健全防止返贫动态监测和帮扶机制的指导意见》《推动脱贫地区特色产业可持续发展的指导意见》《关于改革完善社会救助制度的意见》《关于金融支持巩固拓展脱贫攻坚成果 全面推进乡村振兴的意见》《社会组织助力乡村振兴专项行动方案》《关于健全重特大疾病医疗保险和救助制度的意见》。

二是区域发展方面。如《关于新时代推进西部大开发形成新格局的指导意见》《关于新时代推动中部地区高质量发展的意见》《关于全面推动长江经济带发展财税支持政策的方案》《成渝地区双城经济圈建设规划纲要》。

三是综合发展方面。如《中华人民共和国国民经济和社会发展第十四个五年规划和 2035 年远景目标纲要》《中华人民共和国乡村振兴促进法》《"十四五"残疾人保障和发展规划》《"十四五"推进农业农村现代化规划》

《"十四五"国民健康规划》。

从政策实施效果来看,武陵山区农民收入得到稳步提高,2021年该地区农村居民人均可支配收入达到14176元,是2013年6314元的2.2倍,年均增长10.4%,高于武陵山区城镇居民收入增长速度,高于地区生产总值增长率,也高于全国平均增长率。公共财政及相关扶持政策对促进农民增收发挥了很大作用,但农户个体收入分配差距比较大,农村低收入群体比重大。地区间农村居民收入来源存在一定差别,尤其是恩施州仍然以经营净收入为最主要来源,虽然说农民增收问题与农民生计资本不足有关,但是也说明当前公共财政支持武陵山区农民增收存在一定的盲点和难点。

根据以上分析,笔者对支持农民增收的财政工具进行了归纳(表2-6)。组成农民收入的四个部分——经营净收入、工资性收入、财产净收入、转移净收入,均有直接和间接增加农民收入的财政工具。相对另外两种收入,增加农民工资性收入和财产净收入的直接工具较少,因此,政策难点之一在于需要丰富直接增加农民工资性收入和财产净收入的财政工具。另外,相对其他收入,增加财产净收入的财政工具可能存在受益不明显或不均衡的情况。例如,农业信贷和农机购置补贴,这两个政策是需要农民首先抵押财产或出钱购买农业机械,之后才能获得政策支持。增加农民经营净收入的工具虽多,但经营净收入在总收入的比例低于工资性收入,因此,政策难点之二在于需要提高财政工具的精准性和实施效果。

表2-6 支持农民增收的财政工具归纳

目 标	直接增加农民收入的财政工具	间接增加农民收入的财政工具
增加农民经营净收入	税收优惠、资金互助、农业保险、巩固脱贫	基础设施、公共服务、乡村产业、农业科技、人才支撑、传统文化、生态保护
增加农民工资性收入	以工代赈	税收优惠、基础设施、公共服务、乡村产业、集体经济、人才支撑、传统文化、生态保护

续表

目　　标	直接增加农民收入的财政工具	间接增加农民收入的财政工具
增加农民财产净收入	税收优惠、农业信贷	农机购置补贴、集体经济、传统文化、生态保护
增加农民转移净收入	社会救助、养老保险、危房改造、农业补贴、生态补偿	巩固脱贫、税收优惠、医疗保险、教育补助

第五节　结　　论

本课题采用 DFID 的农户可持续生计资本框架，对导致武陵山区农民增收缓慢的因素进行分析，具体包括自然资本、人力资本、物质资本、金融资本和社会资本因素，据此构建武陵山区农户可持续生计系统，以此探讨公共财政对农民增收的作用。通过梳理该地区影响农民增收的主要财政工具，剖析现阶段公共财政支持农民增收的难点，由此得到以下结论：

第一，武陵山区农户生计资本较为脆弱且有限。(1)脆弱的自然资本。包括石漠化现象突出、自然灾害频发、环境污染加剧、耕地量少且质量差、矿产资源开发利用效率低、特色生物资源规模有限、能源资源开发利用不足、旅游资源产业化程度不高。(2)不足的人力资本。由于近十年来常住人口数量下降，该地区劳动力数量和质量均低于全国平均水平。(3)较少的物质资本。如基础设施还差最后一公里，生活设施较好但现代化程度一般，生产工具和物资投入较低。(4)金融资本相对匮乏。如地方政府公共投资不足、金融机构服务能力较差、农村居民筹资融资困难。(5)有限的社会资本。区域内缺少大城市、规模以上企业太少、公共部门从业人员较少。

第二，公共财政对农民生计资本增加有积极作用。通过构建武陵山区可持续生计系统，一是分析直接增加农民收入的财政工具作用机理，二是分析间接增收的财政工具作用机理。

第三，可持续生计目标需要政府制定符合农户自身需求的公共财政政策，具体体现在：(1)微观农户生计目标与经济社会发展目标的偏差需要重新调整公共财政工具；(2)公共财政工具调整要符合"以人为本"原则；(3)公共财政工具调整要符合农户可持续生计目标。现阶段武陵山区公共财政支持农民增收存在难点：一是需要丰富直接增加农民工资性收入和财产净收入的财政工具，二是需要提高财政工具的精准性和实施效果。

第三章　公共财政对农民各类收入
增长影响的实证分析

第一节　基于县域层面的公共财政对农民
收入水平的影响分析

一、理论模型

我们通过第二章的理论分析，采用可持续生计框架来分析财政供给对农民各类收入增长的影响效应。可持续生计框架由脆弱性背景、生计资本、公共政策、生计策略和生计产出5个部分组成。在这个框架中，脆弱性背景、部分公共政策(大多形成纯公共产品或服务)为影响农民收入增长的外部环境，是农民收入模型的外生参数；农户生计资本、部分公共政策(大多形成准公共产品或服务，需要农民自愿选择是否参与)为决定农民收入的投入项，是农民收入模型的自变量；农户生计产出作为农户生计策略的产出结果，是农民收入模型的因变量。由此，基于可持续生计框架，我们确定了以农民收入为因变量，公共财政及生计资本因素为自变量的武陵山区71县(市、区)农民收入模型，采用地理探测器方法进行分析。

地理探测器方法具有探测多因子在不同空间单元下的不同影响作用的能力，其基本思路是假设研究区域可分为若干子区域，如果子区域的方差之和小于区域总方差，则存在空间分异性，如果两变量的空间分布趋于一致，则两者存在统计关联性。与普通多元线性回归相比，地理探测器方法不用预先设定函数形式，没有线性假设和条件限制，在因子分析方法中具有一定优势。[①] 综上所述，本章采用地理探测器方法分析武陵山区县域农民收入水平的影响因素，参考邸秀军等[②]、夏龙等[③]的研究，从自然资本、物质资本、金融资本、人力资本、社会资本五方面出发，选取农产品地理标志发展水平、旅游景点建设水平、土地占有水平、固定资产投资水平、财政支出水平、人口受教育水平、劳动力占比水平、城镇化水平共计 8 个影响因子，地理探测器模型具体如下：

$$q = 1 - \frac{1}{n\sigma^2} \sum_{i=1}^{m} n_i \sigma_i^2$$

其中，q 为影响因子对农民收入水平的解释力；n 为整个区域的样本数，σ^2 为整个区域方差；n_i 为次级区域内样本数，σ_i^2 为其对应方差；m 为次级区域的个数；q 取值范围为 $[0, 1]$，当 $q = 0$ 时，影响因子对农民收入水平没有任何解释力，当 $q = 1$ 时，则完全相关，影响因子可以完全解释农民收入水平，q 值越大，表明影响因子对农民收入水平影响越大，解释力越强。

二、数据来源与描述性统计

本书所用的原始统计数据包括：农村居民人均可支配收入、农产品地理标志产品存量、A 级及以上景点数量、土地面积、户籍人口、全社会固定资产投资、常住人口、一般公共预算支出、人口平均受教育年限、城镇化率共计 10 项。其中，农产品地理标志产品存量数据来自全国农产品地理标志查询系统，A 级及以上景点数量数据来自各地区文化和旅游局官网，人口平均受教育年限、15~64 岁人口数据来自《中国人口普查分县资料》，

---

① 赵小凤，李娅娅，赵雲泰，田志强. 基于地理探测器的土地开发度时空差异及其驱动因素[J]. 长江流域资源与环境，2018，27(11)：2425-2433.

② 邸秀军，杨慧珍，陈荣. 地理标志农产品产业化的减贫增收效应——基于山西省 110 个县的实证分析[J]. 中国农业资源与区划，2017，38(6)：144-149，225.

③ 夏龙，姜德娟，隋文香. 中国地理标志农产品的空间分布与增收效应[J]. 产经评论，2015，6(1)：78-91.

其余数据均来自各地区 2021 年统计公报。变量的描述性统计如表 3-1 所示。

表 3-1　变量的描述性统计

变量类型	变量名称	变量描述	均值	标准差
被解释变量	农民收入水平	农村居民人均可支配收入（万元）	1.40	0.24
自然资本因子	地理标志产品发展水平	农产品地理标志产品存量（个）	1.41	1.68
	旅游景点建设水平	A 级及以上景点数量（个）	3.08	2.33
	土地占有水平	土地面积/户籍人口（公顷/人）	0.66	0.30
物质资本因子	固定资产投资水平	全社会固定资产投资额/常住人口（万元）	3.19	1.68
金融资本因子	财政支出水平	一般公共预算支出/常住人口（万元）	1.11	0.36
人力资本因子	人口受教育水平	人口平均受教育年限（年）	8.60	0.52
	劳动力占比水平	15~64 岁人口/常住人口（%）	63.40	2.83
社会资本因子	城镇化水平	城镇人口/常住人口（%）	46.76	10.66

由表 3-1 可看出，一是武陵山区农民收入水平不高。农村居民人均可支配收入为 1.40 万元，与全国 1.89 万元的平均水平相差约 40%。二是武陵山区自然资本条件一般。农产品地理标志产品县均存量为 1.41 个，略高于全国 1.21 个的平均水平，但县域之间存量差别较大，个别县至今无任何

农产品地理标志产品。A级及以上景点县均数量为 3.08 个，低于全国 5.03 个的平均水平。人均土地占有面积为 0.66 公顷，略低于全国 0.68 公顷的平均水平。三是武陵山区物质资本条件有限。全社会人均固定资产投资为 3.19 万元，与全国 3.91 万元的平均水平相差约 23%。四是武陵山区金融资本条件较差。人均一般公共预算支出为 1.11 万元，与全国 1.74 万元的平均水平相差约 57%。五是武陵山区人力资本条件一般。人均受教育年限为 8.60 年，略低于全国 10.90 年的平均水平。劳动力占比为 63.40%，与全国 67.18% 的平均水平相差 3.78%。六是武陵山区社会资本条件较差。常住人口城镇化率仅 46.76%，与全国 64.72% 的平均水平相差 17.96%，且该项指标标准差高达 10.66，说明县域之间差距明显，不平衡现象突出。

三、实证结果及解析

运用地理探测器方法分析之前需对影响因子进行分级，我们首先利用 GeoDa 软件按照自然间断点分级法对影响因子数据进行离散化处理，然后将分级后的因子值导入地理探测器模型，估计结果如表 3-2 所示。可以发现，对武陵山区农民收入水平有显著影响的因子按解释力大小排列依次为：土地占有水平（0.2225）、财政支出水平（0.1730）、城镇化水平（0.1507）、人口受教育水平（0.1354）、旅游景点建设水平（0.0831），上述因子在很大程度上解释了农民收入水平的空间差异，表明在武陵山区，盘活闲置土地资源、扩大财政支出规模、提高各级各类教育普及和加快旅游产业开发等举措对于提高农民收入水平有着重要影响。此外，农产品地理标志产品发展水平、固定资产投资水平和劳动力占比水平三个因子的解释力较小且显著性不强，这与夏龙等①针对全国的研究结果不同，表明在武陵山区，农产品地理标志产品的价值以及增收潜力有待进一步挖掘，固定资产投资拉动农业农村发展能力有待进一步释放。

---

① 夏龙，姜德娟，隋文香. 中国地理标志农产品的空间分布与增收效应[J]. 产经评论，2015，6(1)：78-91.

表 3-2　因子探测结果

变量类型	变量名称	q 值	p 值
自然资本因子	农产品地理标志产品发展水平	0.0341	0.8199
	旅游景点建设水平	0.0831*	0.0566
	土地占有水平	0.2225***	0.0000
物质资本因子	固定资产投资水平	0.0601	0.4080
金融资本因子	财政支出水平	0.1730***	0.0086
人力资本因子	人口受教育水平	0.1354**	0.0141
	劳动力占比水平	0.0638	0.1538
社会资本因子	城镇化水平	0.1507*	0.0578

注：***、**、*分别表示通过 0.01、0.05 和 0.1 的显著性水平检验。

为分析各因子对农民收入水平的影响是否存在交互作用，在对因子解释力探测结果的基础上，我们进一步将影响显著的因子进行交互探测，结果如表 3-3 所示。可以发现，旅游景点建设水平、土地占有水平、财政支出水平、人口受教育水平、城镇化水平因子交互之后，因子解释力均呈现双因子增强或非线性增强，即上述任意两个因子共同作用时会增加对农民收入水平的解释力，表明武陵山区农民收入水平受多种因素综合影响，多举措并行的发展方式对提升武陵山区农民收入水平十分有效。

表 3-3　因子交互作用探测结果

影响因子	旅游景点建设水平	土地占有水平	人口受教育水平	城镇化水平	财政支出水平
旅游景点建设水平	0.0831				
土地占有水平	0.4476	0.2225			
人口受教育水平	0.3846	0.3839	0.1354		
城镇化水平	0.4179	0.3543	0.3804	0.1507	
财政支出水平	0.4402	0.3464	0.4424	0.3528	0.1730

第二节　基于农户层面的公共财政参与与满意度调查

一、样本区域的基本情况①

基于可持续生计框架,本书以重庆市黔江区和酉阳县 4 乡镇 295 户农户为样本,② 分析公共财政对农村居民收入的影响效应。重庆市黔江区地处武陵山区腹地、渝东南中心地带,辖区面积 2402 平方公里,全区辖 6 个街道、18 个镇、6 个乡、219 个村(社区),户籍总人口约 55.60 万人,其中以土家族、苗族为主的少数民族人口占比达 70.73%。③

酉阳土家族苗族自治县位于渝鄂湘黔四省市接合部,属武陵山区,面积 5173 平方公里,是重庆市面积最大的区县,下辖 2 个街道、19 个建制镇、18 个乡、278 个行政村(含 8 个社区)。户籍总人口达 85.31 万人,其中城镇人口 27.80 万人,乡村人口 57.51 万人。④ 全县由 32 个民族组成,其中土家族 50.73 万人,占总人口的 59.47%,苗族 5.42 万人,占总人口的 6.4%。⑤

课题组于 2013 年 7—8 月对重庆市黔江区的水市乡和石会镇、酉阳县的板溪镇和毛坝乡进行了农户调查(表 3-4),具体情况如下:

---

①　叶慧. 生计资本框架下公共财政政策对农民收入影响分析——基于重庆市两个少数民族贫困县的调查[J]. 中南民族大学学报(人文社会科学版),2015(1):114-119.

②　黔江区是重庆市直管区,2000 年之前是黔江土家苗族自治县,虽然现在不是自治县,但少数民族人口比重达到 73.3%,是重庆市主要的少数民族聚居地之一。

③　重庆市黔江区人民政府. 走进黔江[EB/OL].(2023-01-16). https://www.qianjiang.gov.cn/zjqj/.

④　重庆市酉阳县人民政府. 走进酉阳[EB/OL].(2022-05-11). http://youy.cq.gov.cn/zjyy/.

⑤　重庆市酉阳县人民政府. 酉阳数据[EB/OL].(2021-09-25). http://youyang.gov.cn/bmjz_sites/bm/tjj/zwgk_104134/yysj/.

表 3-4 四个行政乡镇的基本情况

项 目	黔江区水市乡	黔江区石会镇	酉阳县板溪镇	酉阳县毛坝乡
到县城的距离(公里)	53	20.2	10	38
辖区面积(平方公里)	103	128	162.8	151
人均耕地面积(亩)	1.60	1.39	1.02	1.45
行政村数量(个)	8	9	6	7
户数(户)	3335	6343	3742	3900
总人口(人)	12495	21651	14533	13472
农业人口比重(%)	65.07	73.90	75.69	96.50
贫困发生率(%)	12.5	14.9	28.1	22.5
2012 年农村居民人均纯收入(元)	6793	6914	5200	4500
自然灾害程度*	经常发生,但危害性不大	基本不发生	基本不发生	经常发生,但危害性不大
自然灾害种类*	旱灾>病虫害>霜冻灾>洪涝灾>泥石流	旱灾>病虫害>洪涝灾>霜冻灾>泥石流	旱灾>病虫害>洪涝灾>霜冻灾>泥石流	旱灾>洪涝灾>霜冻灾>病虫害>泥石流
乡村道路条件*	有正式公路或铺面村道,汽车能常年通行	有正式公路或铺面村道,汽车能常年通行	有正式公路或铺面村道,汽车能常年通行	有正式公路或铺面村道,汽车能常年通行
水资源与农田水利条件*	灌溉设施与水源均不能满足农业生产需要	灌溉设施与水源均不能满足农业生产需要	灌溉设施与水源均不能满足农业生产需要	灌溉设施与水源均不能满足农业生产需要
样本量(户)*	87	86	69	53

注:数据来源于当地乡镇政府部门,*变量的数据来源于课题组调查,>代表受访者选择该选项的优先序。

● 样本乡镇 1：水市乡位于黔江区西南部，距黔江城区 53 公里，属典型的高寒山区。全乡辖 8 个行政村，农业人口比重为 65.07%，贫困发生率为 12.5%，有 3 个贫困村。2012 年农村居民人均纯收入 6793 元。根据机构访谈和 87 户农户调查所得，可知该乡自然灾害经常发生，但危害性不大，主要灾害为旱灾和病虫害等。该乡有正式公路或铺面村道，汽车能常年通行。该乡灌溉设施与水源均不能满足农业生产需要。

● 样本乡镇 2：石会镇位于黔江区西部，距黔江城区 20.2 公里，是重庆市"百个经济强镇"之一。全乡辖 3 个社区和 6 个行政村，农业人口比重为 73.9%，贫困发生率为 14.9%，有 2 个贫困村。① 2012 年农村居民人均纯收入 6914 元。根据机构访谈和 86 户农户调查所得，该乡自然灾害基本不发生，偶尔出现的灾害为旱灾和病虫害等。该乡有正式公路或铺面村道，汽车能常年通行。该乡灌溉设施与水源均不能满足农业生产需要。

● 样本乡镇 3：板溪镇位于酉阳县中东部，距酉阳城区 10 公里，属山地与浅丘地貌。全乡辖 6 个行政村，农业人口比重为 75.69%，贫困发生率为 28.1%，有 3 个贫困村。2012 年农村居民人均纯收入 5200 元。根据机构访谈和 69 户农户调查所得，可知该乡自然灾害基本不发生，偶尔出现的灾害为旱灾和病虫害等。该乡有正式公路或铺面村道，汽车能常年通行。该乡灌溉设施与水源均不能满足农业生产需要。

● 样本乡镇 4：毛坝乡位于酉阳县北部，距酉阳城区 38 公里，是重庆市两个国家级贫困乡之一。② 全乡辖 7 个行政村，农业人口比重为 96.5%，贫困发生率为 22.5%。2012 年农村居民人均纯收入 4500 元。根据机构访谈和 53 户农户调查所得，该乡自然灾害基本不发生，偶尔出现的灾害为旱灾和病虫害等。该乡有正式公路或铺面村道，汽车能常年通行。该乡灌溉设施与水源均不能满足农业生产需要。

---

① 石会镇原有 3 个贫困村，2010 年中园村实现整村脱贫。
② 另一个国家级贫困乡在重庆市城口县。

二、样本户的基本情况①

(一)样本户生计资本状况

根据表3-5,样本户自然资本条件一般。人均耕地面积1.42亩,略高于全国1.38亩的平均水平,人均林地面积3.32亩,高于全国2.67亩的平均水平。

表3-5　样本户生计资本变量定义及统计特征

类别	变量	变量解释	均值	标准差
自然资本	人均耕地	人均耕地面积(亩)	1.42	1.66
	人均林地	人均林地面积(亩)	3.32	5.16
人力资本	家庭人口数	家庭总人口数(人)	5	2.96
	劳动力人数	16~64岁人口数(人)	3	2.40
	年龄	受访者的年龄(年)	46	13.97
	受教育程度	受访者受教育年限(年)	9	3.41
	最高教育程度	家中劳动力中最高受教育年限(年)	12	2.71
	健康状况	健康状况(1=非常健康;2=比较健康;3=一般;4=较差;5=非常差)	2.4	1.02
物质资本	房间数量	房间数量(间)	4	3.17
	房屋结构	房屋结构(1=土木结构;2=砖瓦/砖木;3=砖混)	2	0.88
	生产工具种类	生产工具种类(个)	1	0.52
	生活工具种类	交通工具或家用电器种类(个)	3	1.54

---

① 叶慧. 生计资本框架下公共财政政策对农民收入影响分析——基于重庆市两个少数民族贫困县的调查[J]. 中南民族大学学报(人文社会科学版),2015(1):114-119.

续表

类别	变 量	变量解释	均值	标准差
金融资本	高利贷贷款能力	是否借过高利贷(1=有，0=否)	0.11	0.37
	向亲友借钱能力	是否从其他亲友处借钱(1=有，0=否)	0.53	0.52
	人均纯收入	(总收入-农业生产支出-非农经营支出-人情往来支出)/总人口	6125	5927
社会资本	民族	是否为少数民族(1=是，0=否)	0.83	0.38
	党员	是否为中共党员(1=是，0=否)	0.27	0.44
	特殊经历	家庭是否有干部或老板(1=有，0=否)	0.21	0.44
	亲朋好友交往程度	与村寨朋友或邻居交往程度(1=非常密切；2=比较密切；3=一般；4=不太密切；5=基本无来往)	2.1	0.93
	参加村里活动次数	近一年参加村里召集会议和活动的次数(次)	4.65	5.31
	去集市时间	从您家去附近集市的时间(分钟)	39	39.8

样本户人力资本条件有限。劳动力人数为户均 3 人，约占总人口的
60%，低于全国 74.53% 的平均水平。受访者平均年龄为 46 岁。受访者受
教育程度约为初中水平，家中最高受教育程度为高中。受访者健康状况为
自我感觉较好。①

样本户物质资本条件较差。虽然户均房间数量为 4 间，但房屋结构大
多是砖瓦或土木结构。生产工具大多只有 1 种，主要为耕牛。交通工具或
家用电器大多有 3 种，主要为电动自行车(或摩托车)、电视机、电冰箱。

样本户金融资本条件匮乏。超过一半的农户有借钱经历，其中 11% 的

---

① 此问题回答主观程度较高，受访者大多不愿承认自己健康状况不好或较差。

农户借过高利贷，说明样本户金融资本条件匮乏。样本户人均纯收入为6125元，低于重庆市统计局公布的7393元的同期平均水平。①

样本户社会资本较好。土家族、苗族等少数民族居民占样本的83%，中共党员占27%，家人是干部或老板的农户有21%。农民与村寨朋友或邻居交往还是比较密切的，他们每年参加村活动次数约4.65次，并且从家到集市的时间约半小时。

(二)样本户收入水平及结构

根据我国国家统计局(2013年)的定义和笔者调查，本书将农村居民收入分为总收入、农业收入、经营性非农收入、私人部门工资收入、公共部门工资收入、转移性收入、其他收入(含财产性收入)、纯收入8类。根据表3-6，样本户2012年农村居民人均总收入为7888元。扣除农业生产支出533元、非农经营支出196元和人情往来支出1034元，农村居民人均纯收入为6125元，该数据符合地方统计局公布的数据。样本户的贫困发生率为17.3%，也与重庆市统计局公布的数据接近。无论是对调查户的人均纯收入统计，抑或对贫困发生率的调查，其结果均与官方数据非常接近，由此说明样本具有代表性。

从收入结构来看，私人部门工资收入和农业收入是主要收入来源。私人部门工资收入为2326元，占人均总收入的29.5%；农业收入为1860元，占人均总收入的23.6%；其中，其他收入排在第三位，反映财产性收入和偶得收入对农民增收的作用不可小觑。根据笔者的调研，黔江区石会镇当地土地租赁价格为每亩一年510元，当地人均耕地1.39亩，户均5人，户均耕地6.95亩，这意味着每户只要出租2亩，自家留4.95亩，每年就能获得出租收入1020元。此外，黔江区技术工人每天工资为200~300元，普通工为100~150元，打工比务农的吸引力更大。由此可见，在比较效益

---

① 重庆市统计局. 2012年重庆市国民经济和社会发展统计公报[EB/OL]. (2013-3-18). http://cpc.people.com.cn/n/2013/0318/c87228-20818737.html.

作用下，农村居民务农积极性降低，可能会出现抛荒现象，如果当地土地市场交易政策放开，抛荒地转移到种植大户那里，则农村居民不仅获得私人部门工资收入，还可获得土地出租收入，而种植大户获得了所需的土地。

表 3-6　样本户收入水平及结构特征（2012 年）

变　　量	变量说明	平均值（元）	标准差（元）	变异系数
农村居民人均总收入	家庭总收入/总人口	7888	7530	0.95
农业收入	农业收入/总人口	1860	3790	2.04
经营性非农收入	经营性非农收入/总人口	1063	3889	3.66
私人部门工资收入	私人部门工资收入/总人口	2326	3328	1.43
公共部门工资收入	公共部门工资收入/总人口	615	2645	4.30
转移性收入	转移性收入/总人口	279	1323	4.74
其他收入（含财产性收入）	其他收入/总人口	1745	3914	2.24

注：①在调研问卷中，"总收入"指标的选项是选择题和填空题相结合的形式：一是依据农村居民人均总收入=农业收入+经营性非农收入+私人部门工资收入+公共部门工资收入+转移性收入+其他收入，通过各项收入的填空题从而得到总收入的数据；二是通过选择题判断总收入的大致范围，这里将选项 A 赋值为 2300 元，B 赋值为 3700 元，C 赋值为 7500 元，D 赋值为 20000 元，E 赋值为 40000 元，F 赋值为 75000 元，G 赋值为各项收入实际加总；三是将填空题得到的总收入数据与选择题得到的总收入数据进行比较，取两者之间较大者为总收入数据。②对"农民消费支出"的调研同样采取填空题和选择题相结合的形式，取两者之间较大者为总支出数据。最后，根据农村居民家庭纯收入=总收入-农业生产支出-非农经营支出-人情往来支出，由此得到"农村居民家庭纯收入"指标数据。③公共部门工资收入为在政府、事业单位、国企工作的固定收入，私人部门工资收入则是就业流动性强的不固定收入。④转移性收入仅为政府转移性支付，不含亲友馈赠等。

从各收入来源波动性来看，私人部门工资波动最小，对农民稳定增收贡献最大。农业收入也存在波动现象，这是因为，一是农业生产受风险冲击和资源限制较大，较大的自然风险和市场风险都会导致农业收入增长波动，有限的耕地和劳动力资源致使农业收入增长有限。据某农户反映，养一头猪需要 10 个月，成本花费 1000 元，出售价格 1200 元，一年下来只赚了 200 元，养猪不如去打工。二是公共部门就业要求高，农村居民很难在政府、国有企业、事业单位就业，这些岗位更易吸纳人力资本高、社会资本强的城市居民，因此样本户之间的公共部门工资收入差别很大。

从经营行为来看，一是非农经营方面，非农户有 103 户，农户有 192 户；二是兼业经营方面，192 户农户中纯农户 57 户，兼业户 135 户；三是经营种类方面，从事 1 种经营方式的有 116 户，2 种经营方式的有 142 户，3 种经营方式的有 32 户，4 种经营方式的有 5 户。

从少数民族身份对农村居民收入影响来看，不同民族的农村居民人均收入并不存在显著差异。根据表 3-7，虽然少数民族居民在纯收入、农业收

表 3-7　少数民族与汉族居民收入比较

变　　量	少数民族 均值	汉族 均值	均值比较 统计量 t/t'	均值比较 显著概率
纯收入	6263.28	6049.92	-0.198	0.843
农业收入	1859.39	1183.60	-1.665	0.108
经营性非农收入	1166.97	553.67	-1.472	0.143
私人部门工资收入	2211.69	2885.65	-1.306	0.192
公共部门工资收入	512.67	1114.11	0.903	0.371
转移性收入	305.07	148.72	-0.761	0.447
其他收入(含财产性收入)	1957.71	1387.58	-0.969	0.333

注：①当方差不齐次时，单因素方差分析 t 检验值为校正的 t' 值。② *** 、 ** 、 * 分别表示通过 0.01、0.05 和 0.1 的显著性水平检验。

入、经营性非农收入、转移性收入、财产性收入方面均高于汉族居民,但是这些收入没有通过显著性检验。少数民族居民在私人部门工资收入、公共部门工资收入方面均低于汉族,但同样也没有通过方差检验。

(三)样本户消费支出水平及结构

经济学对消费者收入的理解有消费和生产两个视角,由于消费刚性,消费支出取决于长期稳定的收入预期,因此消费支出被认为是更好衡量收入水平的变量。① 根据表 3-8,样本户 2012 年人均总支出为 7227 元,低于

表 3-8　样本户消费支出水平及结构的统计特征

变　量	变量说明	平均值(元)	标准差(元)	变异系数
农村居民人均总支出	农村居民人均总支出/总人口	7227	11328	1.57
人均食品支出	食品支出/总人口	1034	1404	1.36
人均农业生产支出	农业生产支出/总人口	533	1067	2.00
人均非农经营支出	非农经营支出/总人口	196	709	3.62
人均医疗支出	医疗支出/总人口	888	1937	2.18
人均教育支出	教育支出/总人口	1277	2926	2.29
人均房屋维修支出	房屋维修支出/总人口	1369	7588	5.54
人均家电购买支出	家用电器购买支出/总人口	312	727	2.33
人均水电费支出	水电费支出/总人口	239	358	1.50
人均人情往来支出	人情往来支出/总人口	1034	2439	2.36
人均娱乐支出	娱乐支出/总人口	59	232	3.93
人均交通通信支出	交通通信支出/总人口	286	654	2.29

① 樊胜根,邢鹂,陈志刚. 中国西部地区公共政策和农村贫困研究[M]. 科学出版社,2010:11.

7888 元的人均总收入，样本户基本上收大于支。但是也有 64 户的支出超过收入，其中因病超支的家庭有 16 户，因学超支的家庭有 31 户，因房超支的家庭有 11 户，其他原因有 6 户。①

从支出结构来看，住房、教育、食品、人情往来、医疗成为农村居民主要消费来源。食品支出 1034 元，占人均总支出的 14.3%；农业生产支出 533 元，占 7.4%；非农经营支出 196 元，占 2.7%；医疗支出 888 元，占 12.3%；教育支出 1277 元，占 17.7%；房屋维修支出 1369 元，占 18.9%；家用电器购买支出 312 元，占 4.3%；水电费支出 239 元，占 3.3%；人情往来支出 1034 元，占 14.3%；娱乐支出 59 元，占 0.8%；交通通信支出 286 元，占 4%。

从支出波动情况来看，水电费支出、食品支出的变异系数均小于 2，属于支出平稳、波动较小的支出项目。房屋维修支出、娱乐、非农经营支出的变异系数均大于 3，波动较大，说明样本户这几项消费的支出差距很大，这可能与农户生计策略选择有关。

三、样本户政策参与与满意度情况②

根据表 3-9，从政策参与情况来看，按照参与率由大到小依次排序为：新型农村合作医疗>新型农村养老保险>农业补贴>劳动力技能培训>信用社贷款>农业科技推广服务>农业信息服务>农业保险>专业合作组织>政府收购>危房改造>农产品生产基地>农村最低生活保障。其中，97.2% 的农户参加了新农合，79.7% 的农户参加了新农保，68.4% 的农户获得了农业补贴。越来越多的财政支持政策到户到人，惠农惠民。

---

① 超支户中某项支出占总支出超过三分之一，就以此界定该户超支类型。
② 叶慧. 生计资本框架下公共财政政策对农民收入影响分析——基于重庆市两个少数民族贫困县的调查[J]. 中南民族大学学报(人文社会科学版)，2015(1)：114-119.

表 3-9　样本户政策参与变量定义及统计特征

类别	变　量	变　量　解　释	均值	标准差
政策参与 1＝是 0＝否	农村最低生活保障	您家是低保户吗	0.077	0.267
	新型农村合作医疗	您参加新型农村合作医疗了吗(1＝全部或部分参加，0＝都没有参加)	0.972	0.643
	新型农村养老保险	您和家人参加了新型农村养老保险吗(1＝全部或部分参加，0＝都没有参加)	0.797	0.403
	信用社贷款	是否有获得信用社贷款或被资助机会	0.349	0.480
	危房改造	您家是否接受过危房改造补贴	0.142	0.350
	农业科技推广服务	您家是否接受过农业科技推广服务(新品种、新技术等)	0.330	0.471
	农业信息服务	您家是否获得过农业信息服务(市场价格、病虫害预警等)	0.315	0.465
	农业保险	您家是否购买了农业保险	0.313	0.464
	专业合作组织	您家是否参加了专业合作组织	0.261	0.753
	农产品生产基地	您家是否参加了农产品生产基地建设	0.139	0.347
	农业补贴	您家是否获得过农业补贴	0.684	0.466
	政府收购	您家是否将农产品卖给政府收购部门	0.258	0.438
	劳动力技能培训	您家是否参加过劳动力技能培训	0.380	0.486

　　根据表 3-10，从政策满意度来看，在 16 项政策中，样本户对本地的水、电、气等基础设施状况，本地的通信、网络基础设施状况，本地中小学、职业技术学校等教育资源状况，政府向农民宣传产业规划及政策，政府提供产业项目(种植、养殖等)带动农民发展这 5 项政策的平均满意度相对较高，对本地获得银行或合作社提供贷款的难易程度、本地获得政府提供的产业发展补贴的难易程度、龙头企业带动农民发展产业状况、专业大户带动农民发展产业状况、农业服务组织(农民经纪人)带动农民发展产业

状况这 5 项政策的平均满意度相对较低。可见，农户对基础设施、产业项目等方面的政策整体较为满意，但金融扶持、资金补贴以及龙头企业、专业大户、服务组织带动等方面的政策尚需进一步改进加强。

表 3-10　产业扶持的相关政策满意度评价及分项比例(%)

选　项	均值	非常不满意	比较不满意	一般	比较满意	非常满意
1. 政府向农民宣传产业规划及政策	3.47	6	11.2	31.3	37.7	13.8
2. 政府提供产业项目(种植、养殖等)带动农民发展	3.40	6.9	9.3	36	32.6	15.2
3. 合作社带动农民发展产业状况	3.15	4.7	18.9	39.3	30.8	6.3
4. 专业大户带动农民发展产业状况	2.97	7.8	22.1	41.6	22.7	5.8
5. 龙头企业带动农民发展产业状况	3.01	6.7	22.2	41.2	22.6	7.3
6. 农业服务组织(农民经纪人)带动农民发展产业状况	2.93	8.3	22.3	45.5	15.7	8.2
7. 本地的水、电、气等基础设施状况	3.92	3.7	3.4	17.9	47.4	27.6
8. 本地的通信、网络基础设施状况	3.89	2.5	3.1	19.9	51.8	22.7
9. 本地中小学、职业技术学校等教育资源状况	3.45	2.4	11.3	38.1	35.2	13
10. 本地开展各类培训的状况	3.15	4.4	15.5	47.8	25.8	6.5
11. 本地获得银行或合作社提供贷款的难易程度	3.04	6.1	20.4	46.3	18	9.2
12. 本地获得政府提供的产业发展补贴的难易程度	3.00	7.4	17.7	47.7	21.4	5.8

选 项	均值	非常不满意	比较不满意	一般	比较满意	非常满意
13. 本地获得各类产品的销售及市场信息的便捷程度	3.31	2.3	13.5	42.5	33.9	7.8
14. 学习获得产业发展技术或经验的难易程度	3.26	4.2	9.5	50.7	27.2	8.4
15. 产业发展注册、登记、审批程序简便程度	3.26	4.6	8.3	51.3	28	7.8
16. 政府工作人员的办事效率	3.20	8.1	14.1	37.2	30.3	10.3

第三节　基于农户层面的公共财政对农村居民收入结构的影响分析

一、农村居民收入增长的影响因子

（一）影响农村居民收入增长的公共财政因子筛选

1. 公共财政影响因子筛选的方差分析法

基于可持续生计框架，我们确定了以农民收入问题为核心，分析影响收入增长的研究思路。大致可分为因素选取、生计策略模型构建、农民收入（生计产出）模型构建三个步骤，具体见图3-1。

方差分析（Analysis of Variance）是用于对两个及以上样本平均数差别的显著性检验。单因素方差分析是研究一个控制变量的不同水平是否对观测变量产生显著影响。本书要检验农村居民的财政政策参与行为是否对其收入变量产生显著影响。方差分析应具备两个前提：一是每个样本都来自呈正态分布的总体，如果样本容量足够大，就不需要这个前提；二是各个样

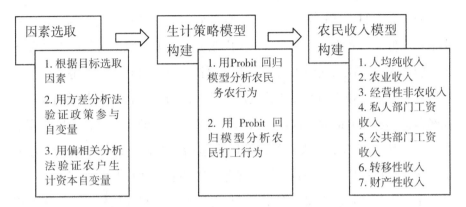

图 3-1　可持续生计框架下农民收入模型分析思路

本有相同的方差 σ^2。单因素方差分析的步骤如下：第一步，变量界定。观测变量为样本户的收入变量，包括农村居民人均纯收入、人均农业收入、人均经营性非农收入、人均私人部门工资收入、人均公共部门工资收入、人均转移性收入、人均财产性收入(用人均其他收入代替)。观测变量为连续型变量。控制变量为样本户的政策参与变量，包括农村低保、新农合、新农保、信用社贷款、危房改造、农业科技推广服务、农业信息服务、农业保险、专业合作组织、农产品生产基地、农业补贴、政府收购、劳动力技能培训。控制变量为虚拟变量，赋值为 1＝是(参与)，0＝否(不参与)。

第二步，方差齐次检验。$H_0 : \sigma_{1i} = \sigma_{0i}$；$H_1 : \sigma_{1i} \neq \sigma_{0i}$。此检验是在第 i 种政策参与和不参与两种水平下，两组农村居民收入变量的标准差是否相同。检验统计量是 F 统计量。显著性水平为 0.05。

第三步，均值比较。$H_0 : \mu_{1i} = \mu_{0i}$；$H_1 : \mu_{1i} \neq \mu_{0i}$。此检验在第 i 种政策参与和不参与两种水平下，两组农村居民收入变量的平均数是否相同。检验统计量是 t 统计量。当方差不齐次时，单因素方差分析 t 检验值为校正的 t' 值。

第四步，判断。如果 t 或 t' 统计量显著，则说明该政策对农村居民收入有影响。否则，则无。

2. 公共财政影响因子筛选结果

根据表3-11，通过显著性检验，影响农村居民人均纯收入的政策因素包括：农低保、新农合、农业科技推广服务、农业信息服务、专业合作组织。影响农村居民农业收入的政策因素包括：农业科技推广服务、农业信息服务、专业合作组织、农产品生产基地、政府最低价收购。影响农村居民经营性非农收入的政策因素包括：信用社贷款、政府最低价收购。影响农村居民私人部门工资收入的政策因素包括：农村最低生活保障、新农保、农业科技推广服务、农业信息服务。影响农村居民公共部门工资收入的政策因素包括：新农保、农业信息服务。影响农村居民转移性收入和财产性收入的政策因素没有通过显著性检验。

表 3-11　公共财政政策变量与农村居民各类收入均值比较的 t/t' 检验值

政策参与变量	纯收入	农业收入	经营性非农收入	私人部门工资收入	公共部门工资收入	转移性收入	财产性收入
农村最低生活保障	1.618*	0.113	0.857	2.629**	-0.940	1.617	-0.660
新型农村合作医疗	2.157**	-0.578	0.696	1.198	0.761	-0.304	1.409
新型农村养老保险	-0.300	-1.025	-0.468	2.097**	-3.186***	-0.578	-0.298
信用社贷款	-0.729	-0.649	-1.747*	0.544	-1.220	0.300	0.403
危房改造	0.842	0.161	0.167	-1.288	0.417	0.421	0.582
农业科技推广服务	-1.006*	-3.815**	-0.295	2.379**	-1.221	0.255	-0.948
农业信息服务	-1.003*	-2.661**	0.288	1.989**	-1.840*	0.260	-1.443
农业保险	0.923	-0.780	0.401	0.502	-0.239	-0.051	0.515
专业合作组织	-1.777*	-3.669**	0.607	1.361	-1.192	0.051	-1.494

政策参与变量	纯收入	农业收入	经营性非农收入	私人部门工资收入	公共部门工资收入	转移性收入	财产性收入
农产品生产基地	-1.102	-2.269**	0.685	1.491	-1.022	0.59	-0.746
农业补贴	1.063	0.157	-0.452	1.642	0.473	-0.245	0.289
政府最低价收购	-0.112	-3.183**	2.566**	1.249	0.369	0.314	0.099
劳动力技能培训	0.167	-0.595	-0.079	0.472	-1.233	0.640	-1.225

注：①当方差不齐次时，单因素方差分析 t 检验值为校正的 t' 值。②*** 表示通过 0.01 显著性水平检验，** 表示通过 0.05 显著性水平检验，* 表示通过 0.1 显著性水平检验。

(二)影响农村居民收入增长的生计资本因子筛选

1. 农户生计资本因子筛选的偏相关分析法

偏相关分析是指在控制其他变量的线性影响的条件下分析两变量间的线性相关性。本书现分析农村居民生计资本与其收入变量是否存在相关关系，具体分析步骤如下：

第一，计算两变量的偏相关系数。假设有 3 个变量，分别为 x_1、x_2、x_3。在控制变量 x_3 的线性作用条件下，x_1 和 x_2 的一阶偏相关系数为 $r_{12(3)} = \dfrac{r_{12} - r_{13}r_{23}}{\sqrt{1 - r_{13}^2}\sqrt{1 - r_{23}^2}}$，其中 r_{ij} 为 x_i 和 x_j 的简单相关系数。

第二，对两变量偏相关系数进行显著性检验。(1)提出原假设，即偏相关系数为零无显著性差异；(2)构建偏相关分析检验的 t 统计量，它的数学定义为：$t = \dfrac{r\sqrt{n - q - 2}}{\sqrt{1 - r^2}}$。式中，$r$ 为偏相关系数，n 为样本数，q 为阶数。t 统计量服从 $n - q - 2$ 个自由度的 t 分布。(3) 根据 t 统计量值及其概率，进行决策。如果概率小于 0.1 的显著性水平，则应拒绝原假设，反之，则不能拒绝原假设。

2. 农户生计资本因子筛选结果

（1）自然资本因子

本书采用人均耕地面积和人均林地面积两个指标来反映调查对象的自然资本状况。详细指标解释见表 3-5。根据两指标与农村居民家庭人均纯收入的偏相关分析，我们发现人均耕地面积与纯收入相关关系显著，人均林地面积与纯收入相关关系不显著。同理，根据两指标与农村居民农业收入的偏相关分析，发现人均耕地面积与农业收入相关关系显著，人均林地面积与农业收入相关关系不显著。根据两指标与农村居民私人部门工资收入的偏相关分析，发现人均耕地面积与私人部门工资收入相关关系显著，人均林地面积与私人部门工资收入相关关系不显著。根据两指标与农村居民经营性非农收入、公共部门工资收入、转移性收入和财产性收入的偏相关分析，发现两指标与这些收入的相关关系均不显著。因此，本书将用人均耕地面积指标代表自然资本因子在农村居民纯收入、农业收入和私人部门工资收入后续研究中进行深入分析（表 3-12）。

表 3-12　自然资本与农村居民各类收入的偏相关分析

项目 （自然资本）	纯收入	农业 收入	经营性 非农收入	私人部门 工资收入	公共部门 工资收入	转移性 收入	财产性 收入
人均耕地面积	0.223**	0.331***	0.039	0.149**	-0.045	-0.015	-0.021
人均林地面积	-0.080	-0.064	-0.023	-0.083	-0.007	-0.018	-0.015

注：***、**、*分别表示通过 0.01、0.05 和 0.1 的显著性水平检验。

（2）人力资本因子

本书用劳动力人数、年龄、受访者受教育程度（受访者受教育年限）、家中最高教育程度、健康状况（1＝非常健康；2＝比较健康；3＝一般；4＝较差；5＝非常差）五个指标来反映调查对象的人力资本状况。详细指标解释见表 3-5。

　　根据五个指标与农村居民家庭人均纯收入的偏相关分析，我们发现家庭劳动力人数、受访者健康状况与纯收入相关关系显著，其他指标与纯收入相关关系不显著。因此，本书将用家庭劳动力人数、受访者健康状况指标代表人力资本因子在农村居民纯收入的后续研究中进行深入分析（表3-13）。

　　根据五个指标与农村居民农业收入的偏相关分析，我们仅发现年龄与农业收入相关关系显著，其他指标与农业收入相关性不显著。因此，这里用年龄代表人力资本因子在农村居民农业收入的后续研究中进行深入分析。

　　根据五个指标与农村居民经营性非农收入的偏相关分析，我们发现家中最高教育程度、受访者健康状况与经营性非农收入相关关系显著，其他指标与经营性非农收入相关关系不显著。因此，本书将用家中最高教育程度、受访者健康状况指标代表人力资本因子在农村居民经营性非农收入的后续研究中进行深入分析。

　　根据五个指标与农村居民私人部门工资收入的偏相关分析，我们发现家中最高教育程度与私人部门工资收入相关关系显著，其他指标与私人部门工资收入相关关系不显著。因此，本书将用家中最高教育程度代表人力资本因子在农村居民私人部门工资收入的后续研究中进行深入分析。

　　根据五个指标与农村居民公共部门工资收入的偏相关分析，我们发现劳动力人数、受访者受教育程度与公共部门工资收入相关关系显著，其他指标与公共部门工资收入相关关系不显著。因此，本书将用劳动力人数、受访者受教育程度指标代表人力资本因子在农村居民公共部门工资收入的后续研究中进行深入分析。

　　根据五个指标与农村居民转移性收入的偏相关分析，我们发现劳动力人数、年龄、家中最高教育程度与转移性收入相关关系显著，其他指标与转移性收入相关关系不显著。因此，本书用劳动力人数、年龄、家中最高教育程度指标代表人力资本因子在农村居民转移性收入的后续研究中进行深入分析。

以上五个人力资本指标均与财产性收入没有显著的相关关系。

表 3-13　人力资本与农村居民各类收入的偏相关分析

项　　目 （人力资本）	纯收入	农业 收入	经营性非 农收入	私人部门 工资收入	公共部门 工资收入	转移性 收入	财产性 收入
劳动力人数	0.186***	-0.028	0.008	-0.041	0.301***	-0.192***	-0.060
年龄	-0.011	-0.142**	-0.062	-0.024	0.055	0.193***	0.046
受访者受教育程度	-0.042	-0.021	0.015	-0.085	0.185***	-0.076	-0.065
家中最高教育程度	0.016	-0.031	0.128**	-0.108*	-0.022	0.113*	0.061
健康状况	-0.184***	-0.004	-0.105*	-0.077	-0.050	-0.088	-0.128

注：***、**、*分别表示通过 0.01、0.05 和 0.1 的显著性水平检验。

（3）物质资本因子

本书用房间数量、房屋结构（1 = 土木结构；2 = 砖瓦/砖木；3 = 砖混）、生产工具种类、生活工具种类、家庭有无农业机械五个指标来反映调查对象的物质资本状况。详细指标解释见表 3-5。

通过对五个指标与农村居民家庭人均纯收入的偏相关分析，我们发现生活工具种类与纯收入相关关系显著，其他指标与纯收入相关关系不显著。考虑到生产工具对农村居民增收的作用，这里用家庭有无农业机械指标（有 = 1，无 = 0）代替生产工具种类进行分析，研究发现仅有 29.5% 的农户有农业机械（机动三轮车、拖拉机、抽水泵、联合收割机），即有 87 户农户有农业机械。其中，48 户有机动三轮车、19 户有拖拉机、34 户有抽水泵、4 户有联合收割机。根据家庭有无农业机械与农村居民家庭人均纯收入的偏相关分析，我们发现两者有一定相关关系，因此，本书将用家庭有无农业机械、生活工具种类指标代表物质资本因子在农村居民纯收入的后续研究中进行深入分析(表3-14)。

　　根据五个指标与农村居民农业收入的偏相关分析,我们发现家庭有无农业机械与农业收入相关关系显著,其他指标与农业收入相关关系不显著。因此,本书将用家庭有无农业机械指标代表物质资本因子在农村居民农业收入的后续研究中进行深入分析。

　　根据五个指标与农村居民经营性非农收入的偏相关分析,我们发现房屋结构、生活工具种类、家庭有无农业机械与经营性非农收入相关关系显著,其他指标与经营性非农收入相关关系不显著。因此,本书将用房屋结构、生活工具种类、家庭有无农业机械指标代表物质资本因子在农村居民经营性非农收入的后续研究中进行深入分析。

　　根据五个指标与农村居民私人部门工资收入的偏相关分析,我们发现生活工具种类与私人部门工资收入相关关系显著,其他指标与私人部门工资收入相关关系不显著。因此,本书将用生活工具种类指标代表物质资本因子在农村居民私人部门工资收入的后续研究中进行深入分析。

　　根据五个指标与农村居民公共部门工资收入的偏相关分析,我们发现房间数量、生活工具种类与公共部门工资收入相关关系显著,其他指标与公共部门工资收入相关关系不显著。因此,本书将用房间数量、生活工具种类指标代表物质资本因子在农村居民公共部门工资收入的后续研究中进行深入分析。

　　根据五个指标与农村居民转移性收入的偏相关分析,我们发现房屋结构与转移性收入相关关系显著,其他指标与转移性收入相关关系不显著。因此,本书将用房屋结构指标代表物质资本因子在农村居民转移性收入的后续研究中进行深入分析。

　　根据五个指标与农村居民财产性收入的偏相关分析,我们发现房间数量、生活工具种类与财产性收入相关关系显著,其他指标与财产性收入相关关系不显著。因此,本书将用房间数量、生活工具种类指标代表物质资本因子在农村居民财产性收入的后续研究中进行深入分析。

表 3-14　物质资本与农村居民各类收入的偏相关分析

项　　目 （物质资本）	纯收入	农业 收入	经营性非 农收入	私人部门 工资收入	公共部门 工资收入	转移性 收入	财产性 收入
房间数量	0.097	0.064	-0.052	-0.102	0.164***	-0.052	0.132**
房屋结构	-0.066	-0.012	0.159***	-0.048	-0.018	-0.129**	-0.028
生产工具种类	0.086	0.062	-0.054	0.053	-0.017	-0.069	-0.019
生活工具种类	0.243***	-0.013	0.106*	0.166***	0.192***	0.017	0.107*
家庭有无农业机械	0.112*	0.115*	0.126**	-0.021	-0.073	0.054	0.056

注：***、**、*分别表示通过 0.01、0.05 和 0.1 的显著性水平检验。

（4）金融资本因子

本书用高利贷贷款能力（是否借过高利贷，1＝有，0＝否）、向亲友借钱能力（是否从其他亲友处借钱，1＝有，0＝否）两个指标来反映调查对象的金融资本状况。详细指标解释见表 3-5。

根据这两个指标与农村居民家庭人均纯收入的偏相关分析，我们发现向亲友借钱能力与纯收入相关关系显著，高利贷贷款能力指标与纯收入相关关系不显著。根据两个指标与农村居民转移性收入的偏相关分析，发现向亲友借钱能力与转移性收入相关关系显著，其他指标与转移性收入相关关系不显著。根据两指标与农村居民农业收入、经营性非农收入、私人部门工资收入、公共部门工资收入和财产性收入的偏相关分析，发现两指标与这些收入的相关关系均不显著。因此，本书将用向亲友借钱能力指标代表金融资本因子在农村居民纯收入和转移性收入的后续研究中进行深入分析（表 3-15）。

表 3-15　金融资本与农村居民各类收入的偏相关分析

项　目 （金融资本）	纯收入	农业 收入	经营性非 农收入	私人部门 工资收入	公共部门 工资收入	转移性 收入	财产性 收入
高利贷贷款 能力	-0.012	0.015	-0.034	0.009	-0.043	-0.013	-0.050
向亲友借钱 能力	-0.195 ***	-0.073	0.012	-0.051	-0.073	-0.120 **	-0.081

注：***、**、*分别表示通过 0.01、0.05 和 0.1 的显著性水平检验。

（5）社会资本因子

本书用民族（是否为少数民族，1＝是，0＝否）、党员（是否为中共党员，1＝是，0＝否）、特殊经历（家庭是否有干部或老板，1＝有，0＝否）、亲朋好友交往程度（1＝非常密切；2＝比较密切；3＝一般；4＝不太密切；5＝基本无来往）、参加村里活动次数、去集市时间六个指标来反映调查对象的社会资本状况。详细指标解释见表 3-5。

根据六个指标与农村居民家庭人均纯收入的偏相关分析，我们发现去集市时间变量与纯收入相关关系显著，其他指标与纯收入相关关系不显著。因此，本书将用去集市时间代表社会资本因子，在农村居民纯收入的后续研究中进行深入分析（表 3-16）。

根据六个指标与农村居民经营性非农收入的偏相关分析，我们发现去集市时间变量与经营性非农收入相关关系显著，其他指标与经营性非农收入相关关系不显著。因此，本书将用去集市时间代表社会资本因子在农村居民经营性非农收入的后续研究中进行深入分析。

根据六个指标与农村居民公共部门工资收入的偏相关分析，我们发现党员、特殊经历变量与公共部门工资收入相关关系显著，其他指标与公共部门工资收入相关关系不显著。因此，本书将用党员、特殊经历指标代表社会资本因子在农村居民公共部门工资收入的后续研究中进行深入分析。

根据六个指标与农村居民转移性收入的偏相关分析，仅发现党员与转移性收入相关关系显著，其他指标与转移性收入相关关系不显著。因此，本书将用党员指标代表社会资本因子在农村居民转移性收入的后续研究中进行深入分析。

以上六个社会资本指标均与农业收入、私人部门工资收入、财产性收入没有显著的相关关系。

表 3-16　社会资本与农村居民各类收入的偏相关分析

项目 （社会资本）	纯收入	农业 收入	经营性非 农收入	私人部门 工资收入	公共部门 工资收入	转移性 收入	财产性 收入
民族	0.003	0.063	0.058	−0.080	−0.102	0.045	0.061
党员	−0.033	−0.016	−0.058	−0.141	0.197 ***	0.164 ***	0.015
特殊经历	0.091	0.061	0.048	0.048	0.227 ***	−0.022	−0.068
亲朋好友交往程度	−0.018	−0.061	−0.061	0.059	−0.080	0.079	0.045
参加村里活动次数	0.023	0.097	0.020	−0.034	0.025	−0.058	0.029
去集市时间	−0.122 **	0.024	−0.096 *	−0.080	−0.020	−0.082	−0.050

注：*** 、** 、* 分别表示通过 0.01、0.05 和 0.1 的显著性水平检验。

二、公共财政影响农村居民生计方式的 Probit 模型分析

（一）公共财政影响农村居民生计方式的 Probit 理论模型

在上文得到影响农村居民收入的公共财政政策因子和农户生计资本因子的前提下，我们采用 Probit 模型分析农村居民进行某类生计活动的可能性，以了解农村居民收入多样化情况。模型具体形式为：

$$Y^* = \alpha + \beta X + \varepsilon$$

$$Y = \begin{cases} 1, & \text{当 } Y^* > 0 \text{ 时，农民已经参加此类活动} \\ 0, & \text{当 } Y^* \leqslant 0 \text{ 时，农民没有参加此类活动} \end{cases}$$

Y^* 是不可观测的潜变量，Y 则是实际观测到的因变量，表示农民是否参与此类活动，0 为没参加，1 为参加；X 为自变量，包括农民生计资本变量矩阵(包括自然资本、人力资本、物质资本、金融资本和社会资本等)和财政政策变量矩阵。运行软件为 STATA12.0。

(二)公共财政对农村居民务农行为的影响分析

农村居民务农就会产生农业收入，根据前文分析，影响农村居民农业收入的政策因素包括农业科技推广服务、农业信息服务、专业合作组织、农产品生产基地、政府最低价收购；影响农村居民农业收入的生计因子包括人均耕地面积、年龄、家庭有无农业机械。将这些因子代入反映农村居民务农行为的 Probit 模型中，分别用全部回归法和逐步回归法进行模型拟合。根据表 3-17，全部回归模型的似然比检验量为 29.41，逐步回归模型检验量为 24.79，均通过显著性检验。

表 3-17　农村居民务农行为的 Probit 回归结果

变　　量	全部回归法		逐步回归法	
	边际效应	显著概率	边际效应	显著概率
生计资本自变量				
年龄	0.0106	0.247	0.0203*	0.076
人均耕地面积	0.0258	0.141	0.0319*	0.063
家庭有无农业机械	0.0581	0.256		
政策参与自变量				
农业科技推广服务	0.1041*	0.093	0.0879*	0.092
农业信息服务	-0.0563	0.381		
专业合作组织	0.1780**	0.023	0.1960***	0.006

续表

变　　量	全部回归法		逐步回归法	
	边际效应	显著概率	边际效应	显著概率
农产品生产基地	-0.0239	0.765		
政府最低价收购	0.0684	0.254		
LR chi2	29.41***		24.79***	
伪 R²	0.0995		0.0838	
对数似然值	-133.140		-135.452	

注：边际效应指各虚拟变量从 0 到 1 带来的变化；***、**、*分别表示通过 0.01、0.05 和 0.1 的显著性水平检验。

生计资本因子中只有年龄、人均耕地面积对农村居民务农行为有显著影响。在其他变量不变的前提下，农村居民年龄增加将会使其更加倾向于务农；在其他变量不变的前提下，农村居民耕地拥有量增加也会使其更加倾向于务农。政策参与因子中农业科技推广服务和专业合作组织两变量对农村居民务农行为有显著正效应。在其他变量不变的前提下，参加了农业科技推广服务的农村居民将会比没有参加的农村居民务农概率提高 8.79%；参加了专业合作社的农村居民将会比没有参加的农村居民务农可能性提高 19.6%。因此，农业科技推广服务和专业合作组织有利于提高农村居民务农积极性，从而确保我国粮食安全和农产品供给充足。

（三）公共财政对农村居民打工行为的影响分析

农村居民打工就会产生私人部门工资收入，根据前文分析，影响农村居民私人部门工资收入的政策因素包括农村最低生活保障、新型农村养老保险、农业科技推广服务、农业信息服务；影响农村居民私人部门工资收入的生计因子包括人均耕地面积、家中最高教育程度、生活工具种类。将这些因子作为反映农村居民打工行为的 Probit 模型的自变量，分别用全部回归法和逐步回归法进行模型拟合。根据表 3-18，全部回归模型的似然比检验量为 20.08，逐步回归模型检验量为 22.27，均通过显著性检验。

表 3-18 农村居民打工行为的 Probit 回归结果

变　　量	全部回归法		逐步回归法	
	边际效应	显著概率	边际效应	显著概率
生计资本自变量				
人均耕地面积	0.0017	0.924		
家中最高教育程度	−0.0126	0.283		
生活工具种类	0.0094	0.654		
政策参与自变量				
农村最低生活保障	−0.3068 **	0.014	−0.3634 ***	0.002
新型农村养老保险	−0.2178 ***	0.005	−0.2308 ***	0.001
农业科技推广服务	−0.1082	0.201		
农业信息服务	0.0681	0.405		
LR chi2	20.08 ***		22.27 ***	
伪 R^2	0.0581		0.0595	
对数似然值	−162.638		−175.965	

注：边际效应指各虚拟变量从 0 到 1 带来的变化；***、**、* 分别表示通过 0.01、0.05 和 0.1 的显著性水平检验。

生计资本因子对农村居民打工行为没有显著影响。政策参与因子中，农低保和新农保两变量对农村居民打工行为有显著负效应。在其他变量不变的前提下，非低保农户将会比低保户打工可能性提高 36.34%；在其他变量不变的前提下，没有参加养老保险的农村居民将会比参保居民打工可能性提高 23.08%。由此可见，允许外出务工的低收入农民申请低保，加快城乡社会养老保险制度统筹，提高城乡居民养老保障水平，可以提高农村居民外出务工积极性。

三、公共财政影响农村居民收入增长的 Tobit 模型分析①

（一）公共财政影响农村居民收入增长的 Tobit 理论模型

对农民收入的研究是以对农户行为的分析为基础的，虽然农户不仅是生产单位，还是消费单位，更是投资单位。但是 Gary Bacher（1965）②认为农户作为生产和消费的结合体，在受收入、生产和时间的约束下，应努力追求效用最大化。Barnum 和 Squire（1979）③在分析家庭资源配置的时候也认为农户决策行为可以分为两个步骤：首先选择最优的投入和产出组合，使生产者获得最大的收入；其次是解决效用最大化问题。

基于家庭成员共同效用函数假定，农户可把生产行为同消费行为分开，先决定最优生产，再决定最优消费，农户模型是个消费和生产可分的单一模型。单一模型是分析农户决策的基本理论框架，也解释了农户基本经济行为，并且被用来作政策分析。④ 在此基础上，本书将农户定义为一个集农业公司（追求利润最大化）、工人家庭（追求收入最大化）和消费家庭（追求消费最大化）于一体的经济活动单位。由于武陵山区是集中连片特殊困难地区，该地的农户经营仍以可持续生计为首要目标，因此武陵山区农户行为原则首先是收入最大化，其次是效用最大化，消费最大化是前两者的必然结果。因此，本书对武陵山区农民收入理论模型是以农民收入为最大化的目标函数，而非效用最大化，求解过程中将会出现边际效益分析方

---

①　叶慧. 生计资本框架下公共财政政策对农民收入影响分析——基于重庆市两个少数民族贫困县的调查[J]. 中南民族大学学报（人文社会科学版），2015（1）：114-119.

②　Becker G S. A theory of the allocation of time[J]. Economic Journal，1965（9）：51.

③　Howard N Barnum，Lyn Squire. A model of an agricultural household：theory and evidence[M]. The Johns Hopkins University Press，1979：211.

④　陈和午. 农户模型的发展与应用：文献综述[J]. 农业技术经济，2004（3）：2-10.

法(各种生产投入对农户收益的边际效应)的应用,而非边际效用分析方法
(各种消费投入对农户效用的边际效应)的应用。由于农民收入模型是包括
家庭生计资本自变量和政策参与自变量的回归模型,这里我们采用 Tobit
模型来作为分析武陵山区农民收入的理论模型。

在上文得到影响农村居民生计方式的因素前提下,我们采用 Tobit 模
型分析影响农村居民各类收入增长的生计资本因素和政策参与因素。农村
居民收入包括农村居民人均纯收入、人均农业收入、人均经营性非农收
入、人均私人部门工资收入、人均公共部门工资收入、人均转移性收入、
人均财产性收入(用人均其他收入代替)七类。

在此建立农村居民各类收入的计量经济模型。由于农民某种生计方式
可能没有,对应的收入变量可能为零,存在样本选择偏误的风险。一旦只
有部分农民选择了特定生计方式,普通的回归模型就不再适用。面对这种
截断数据情况,Tobit 模型是比较有效的计量分析模型,模型结构如下:

$$Y = \begin{cases} Y^*, & Y^* > 0 \\ 0, & Y^* \leq 0 \end{cases}$$

Y^* 为原始被解释变量,Y 表示农民某类收入变量,且 $Y^* = X\beta + \varepsilon$,$X$
为自变量,包括农民生计资本变量矩阵、政策参与变量矩阵。当 $Y^* > 0$
时,$Y = Y^*$;当 $Y^* \leq 0$ 时,$Y = 0$。运行软件为 STATA12.0。

(二)公共财政对农村居民收入增长的影响分析

根据前文分析,影响农村居民收入的政策因素包括农低保、新农合、
农业科技推广服务、农业信息服务、专业合作组织;影响农村居民纯收入
的生计因子包括人均耕地面积、劳动力人数、健康状况、生活工具种类、
家庭有无农业机械、向亲友借钱能力、去集市时间。将这些因子作为农村
居民纯收入 Tobit 模型的自变量,分别用全部回归法和逐步回归法进行模
型拟合。根据表 3-19,全部回归模型的似然比检验量为 54.27,逐步回归
模型检验量为 53.05,均通过显著性检验。

表 3-19　影响农村居民纯收入的 Tobit 回归结果

变　　量	全部回归法		逐步回归法	
	回归系数	显著概率	回归系数	显著概率
生计资本自变量				
人均耕地面积	812.33 ***	0.001	792.87 ***	0.001
劳动力人数	68.62	0.674		
健康状况	−668.45	0.106	−663.46 *	0.095
生活工具种类	806.03 ***	0.005	1125.94 ***	0
家庭有无农业机械	1175.91	0.188		
向亲友借钱能力	−2063.81 ***	0.009	−2121.36 ***	0.005
去集市时间	−11.06	0.26		
政策参与自变量				
农村最低生活保障	−3120.10 **	0.046	−3005.73 *	0.058
新型农村合作医疗	−522.81	0.726		
农业科技推广服务	267.61	0.809		
农业信息服务	−691.49	0.51		
专业合作组织	−206.91	0.718		
截距	9246.05 ***	0.002	6748.61 ***	0.001
LR chi2	54.27 ***		53.05 ***	
伪 R²	0.0103		0.0098	
对数似然值	−2604.348		−2678.655	

注：*** 、** 、* 分别表示通过 0.01、0.05 和 0.1 的显著性水平检验。

　　生计资本因子中只有耕地面积、健康状况、生活工具种类、向亲友借钱能力通过显著性检验。在其他变量不变的前提下，人均耕地面积增加、受访者健康状况改善、生活工具种类增加、没有向亲友借钱，这些因素均会促进农村居民收入提高。从政策参与因子来看，只有农低保参与变量通过了显著性检验。由于非低保户比低保户收入本来就要高，因此影响农村居民纯收入增长的因素主要是生计资本因素，尤其是耕地和自身健康。

（三）公共财政对农村居民农业收入增长的影响分析

根据前文分析，影响农村居民农业收入的政策因素包括农业科技推广服务、农业信息服务、专业合作组织、农产品生产基地、政府最低价收购；影响农村居民农业收入的生计因子包括人均耕地面积、年龄、家庭有无农业机械。将这些因子作为农村居民农业收入 Tobit 模型的自变量，分别用全部回归法和逐步回归法进行模型拟合。根据表 3-20，全部回归模型的似然比检验量为 83.65，逐步回归模型检验量为 80.49，均通过显著性检验。

表 3-20　影响农村居民农业收入的 Tobit 回归结果

变　量	全部回归法		逐步回归法	
	回归系数	显著概率	回归系数	显著概率
生计资本自变量				
人均耕地面积	927.7181***	0	923.6312***	0
年龄	−155.6486	0.234		
家庭有无农业机械	2140.5200***	0.002	2323.003***	0.001
政策参与自变量				
农业科技推广服务	1376.1660*	0.096	1336.482*	0.060
农业信息服务	86.0725	0.915		
专业合作组织	734.7493*	0.064	705.124*	0.078
农产品生产基地	1839.2170**	0.046	2193.621**	0.015
政府最低价收购	1511.7490**	0.04	1602.449**	0.028
截距	906.0883	0.765	−3426.56***	0
LR chi2	83.65***		80.49***	
伪 R^2	0.0231		0.0222	
对数似然值	−1768.469		−1770.050	

注：***、**、*分别表示通过 0.01、0.05 和 0.1 的显著性水平检验。

生计资本因子中只有人均耕地面积、家庭有无农业机械通过了显著性检验。在其他变量不变的前提下，人均耕地面积增加、家庭购置农业机械均会促进农村居民收入增长。从政策参与因子来看，农业科技推广服务、专业合作组织、农产品生产基地和政府最低价收购均与农村居民农业收入显著正相关，即参加或获得这些政策有利于农村居民农业收入增长。此结论与前文对农村居民务农行为分析的观点一致，由此说明影响农村居民农业收入增长的因素包括：一是政府帮助农村居民进行规模化种植；二是政府出台优惠政策帮助农村居民机械化耕种；三是政府加大农业科技推广服务力度；四是政府帮助农村居民积极成立和加入专业合作组织，规避经营风险；五是对于重要和关键农产品，政府出台最低价收购政策，规避市场经营风险。

(四)公共财政对农村居民经营性非农收入增长的影响分析

根据前文分析，影响农村居民经营性非农收入的政策因素包括信用社贷款、政府最低价收购；影响农村居民经营性非农收入的生计因子包括家中最高教育程度、健康状况、房屋结构、生活工具种类、家庭有无农业机械、去集市时间。将这些因子作为农村居民经营性非农收入 Tobit 模型的自变量，分别用全部回归法和逐步回归法进行模型拟合。根据表3-21，全部回归模型的似然比检验量为47.47，逐步回归模型检验量为47.50，均通过了显著性检验。

生计资本因子中家中最高教育程度、健康状况、房屋结构、家庭有无农业机械通过了显著性检验，生活工具种类、去集市时间没有通过显著性检验。在其他变量不变的前提下，家人最高受教育程度越高越会促进农村居民收入增长，受访者健康状况越好越有利于增收，房屋结构越扎实越会促进农村居民收入增长，家庭购置农业机械也会促进农村居民收入增长。从政策参与因子来看，仅有信用社贷款与农村居民经营性非农收入呈显著正相关，即获得过信用社政策的农村居民比没有贷款过的农村居民有更高的经营性非农收入。家庭个体经营需要农户具备更多的风险自担能力，因此影响农村居民经营性非农收入增长的因素包括：一是政府提供给农村居民接受更多的教育机会，尤其是职业教育，提高其致富能力；二是政府提供更多的基本医疗产品和服务；三是制定包括危房改造在内的更多支持政策帮助农村居民改善住房条件，这也是他们的经营场所；四是继续加大农机具购置更新补贴等优惠政策帮助农村居民机械化种植，释放一部分劳动力，使其能够投入到非农个体经营活动中来；五是放宽信用社贷款条件和加

表 3-21 影响农村居民经营性非农收入的 Tobit 回归结果

变 量	全部回归法		逐步回归法	
	回归系数	显著概率	回归系数	显著概率
生计资本自变量				
家中最高教育程度	763.9989**	0.032	770.1034**	0.027
健康状况	−1851.07*	0.054	−1955.405**	0.035
房屋结构	2816.691**	0.015	3555.584***	0.001
生活工具种类	397.9553	0.522		
家庭有无农业机械	5286.254***	0.005	5510.767***	0.002
去集市时间	−31.4779	0.3		
政策参与自变量				
信用社贷款	2775.373	0.127	2991.351*	0.089
政府最低价收购	−1283.664	0.536		
截距	−22968.08***	0	−24850.71***	0
LR chi2	47.47***		47.50***	
伪 R²	0.0362		0.0355	
对数似然值	−632.732		−645.486	

注：***、**、*分别表示通过 0.01、0.05 和 0.1 的显著性水平检验。

大贷款力度，使更多的金融资本汇聚到有想法、有能力但缺资金的乡村"准精英"①中去。

（五）公共财政对农村居民私人部门工资收入增长的影响分析

根据前文分析，影响农村居民私人部门工资收入的政策因素包括农村最低生活保障、新型农村养老保险、农业科技推广服务、农业信息服务；影响农村居民私人部门工资收入的生计因子包括人均耕地面积、家中最高教育程度、生活工具种类。将这些因子作为农村居民私人部门工资收入Tobit模型的自变量，分别用全部回归法和逐步回归法进行模型拟合。根据表3-22，全部回归模型的似然比检验量为29.41，逐步回归模型检验量为22.55，均通过显著性检验。

表 3-22　影响农村居民私人部门工资收入的 Tobit 回归结果

变　　量	全部回归法		逐步回归法	
	回归系数	显著概率	回归系数	显著概率
生计资本自变量				
人均耕地面积	459.2994 **	0.012		
家中最高教育程度	−260.6564 **	0.029		
生活工具种类	526.762 **	0.013	466.532 **	0.024
政策参与自变量				
农村最低生活保障	−2155.601	0.106	−2903.22 **	0.028
新型农村养老保险	−1797.012 **	0.019	−1692.15 **	0.025
农业科技推广服务	−1319.037	0.123	−1362.041 **	0.044
农业信息服务	−63.5336	0.939		

---

①　"乡村精英"指的是在经济资源、政治地位、文化水平、社会关系、社区威信、办事能力等方面具有相对优势，具有较强的自我意识与参与意识，并对当地的发展具有较大影响或推动作用的村民。自古以来，乡村精英就是我国乡村经济社会发展的重要力量。"准精英"是具备精英能力和意识，但还未体现出来的村民。

变　　量	全部回归法		逐步回归法	
	回归系数	显著概率	回归系数	显著概率
截距	3970.869**	0.01	1544.09*	0.078
LR chi2	29.41***		22.55***	
伪 R^2	0.0086		0.0064	
对数似然值	−1696.462		−1762.678	

注：***、**、* 分别表示通过 0.01、0.05 和 0.1 的显著性水平检验。

生计资本因子中仅有生活工具种类通过显著性检验，人均耕地面积、家中最高教育程度未通过检验。在其他变量不变的前提下，生活工具种类越多的农村居民越容易获得私人部门工资收入。从政策参与因子来看，农村最低生活保障、新型农村养老保险、农业科技推广服务均与农村居民私人部门工资收入显著负相关，即没有享受低保、没有参加养老保险、没有获得农业科技推广服务的农村居民更容易获得更多的工资收入。此结论与前文对农村居民务工行为分析的观点一致。因此，政府在农村居民打工行为方面应给予更多的政策自主权，同时农村各项惠农制度与城市各项惠民制度相衔接，如允许有外出打工行为的贫困户申请农村低保，甚至打工家庭可申请城市低保；允许外出务工农村居民的养老保险实现城乡和地区间转移接续等。

（六）公共财政对农村居民公共部门工资收入增长的影响分析

根据前文分析，影响农村居民公共部门工资收入的政策因素包括新型农村养老保险、农业信息服务；影响农村居民公共部门工资收入的生计因子包括劳动力人数、受访者受教育程度、房间数量、生活工具种类、党员、特殊经历。将这些因子作为农村居民公共部门工资收入 Tobit 模型的自变量，分别用全部回归法和逐步回归法进行模型拟合。根据表 3-23，全部回归模型的似然比检验量为 64.12，逐步回归模型检验量为 62.79，均通过显著性检验。

表 3-23　影响农村居民公共部门工资收入的 Tobit 回归结果

变　量	全部回归法		逐步回归法	
	回归系数	显著概率	回归系数	显著概率
生计资本自变量				
劳动力人数	664. 9869 **	0. 025	770. 610 ***	0. 000
受访者受教育程度	566. 7877 **	0. 029	614. 2855 **	0. 011
房间数量	14. 6072	0. 959		
生活工具种类	643. 3768	0. 182		
党员	4297. 036 ***	0. 005	4271. 069 ***	0. 003
特殊经历	4087. 677 ***	0. 004	4208. 54 ***	0. 001
政策参与自变量				
新型农村养老保险	2610. 707	0. 270		
农业信息服务	2307. 215	0. 116	2339. 241 *	0. 091
截距	-23211. 13 ***	0. 000	-19468. 48 ***	0. 000
LR chi2	64. 12 ***		62. 79 ***	
伪 R^2	0. 0639		0. 0584	
对数似然值	-469. 577		-505. 872	

注：*** 、 ** 、 * 分别表示通过 0. 01、0. 05 和 0. 1 的显著性水平检验。

　　生计资本因子中劳动力人数、受访者受教育程度、党员、特殊经历变量通过了显著性检验，房间数量、生活工具种类变量未通过检验。在其他变量不变的前提下，劳动力人数越多的家庭更容易获得更多的公共部门工资收入，受访者受教育程度越高越容易获得公共部门工资收入，受访者是中共党员更容易增收，家中有国家干部或老板的农村居民更容易获得公共部门工资收入。从政策参与因子来看，仅有农业信息服务与农村居民公共部门工资收入呈显著正相关，即获得过农业信息服务的农村居民更容易获得更多的公共部门工资收入。公共部门工资收入是农村居民受雇于国有企业、政府部门、事业单位等公共部门，靠付出劳力而获得的正式的、长期的收入。公共部门进入门槛较高，农村居民的人力资本、社会资本都会影响其公共部门就业和工资性收入增长，因此提高农村居民公共部门工资收入增长的措施应包括：一是政府继续实行优生优育政策，提高农村人口素质；二是让农村居民接受更多的教育，尤其是增加农村孩子高等教育的机会；三是政府加强农村党员队伍建设和教育培训工作，发挥党员带头致富作用；四是政府给予乡村精英更多支持政策，促进乡村精英带动村民共同致富；五是政府对正式岗位招聘进行信息公开，制定公共部门公开招聘和竞聘上岗的招聘制度。

（七）公共财政对农村居民转移性收入增长的影响分析

根据前文分析，影响农村居民转移性收入的政策因素不显著；影响农村居民转移性收入的生计因子包括劳动力人数、年龄、家中最高教育程度、房屋结构、向亲友借钱能力、党员。将这些因子作为农村居民转移性收入 Tobit 模型的自变量，分别用全部回归法和逐步回归法进行模型拟合，显示回归模型是有效的。

根据表 3-24，生计资本中劳动力人数、年龄、家中最高教育程度、党员等变量均与农村居民转移性收入有显著关系，房屋结构和向亲友借钱能力未通过检验。在其他变量不变的前提下，劳动力人数越多的家庭越容易获得转移性收入，农村居民年龄越大越容易获得转移性收入、家人最高教育程度越高越容易获得转移性收入，受访者是中共党员更容易获得补贴。转移性收入受国家政策影响很大，补贴家庭必须符合政策要求，如只有 60 岁的农村老人才能每月领取农村基本养老保险金；只有种粮的农户才能获得粮食直接收入补贴；只有退耕退牧的农户才能获得退耕退牧生态补偿金。由于国家财政资金有限，转移性收入的出现更多只是维持农村居民基本生活水平和基本生产条件，甚至有时是济危扶困，转移性收入增长并不等同于农村居民增收致富。因此，与其提高农村居民转移性收入增长，不如提高农村居民生活和生产的基本保障能力，这包括：一是政府继续实行养老、医疗、低保、教育、住房等社会保障政策；二是政府在自然灾害和市场价格波动时期给予农户生产救助和市场扶持政策。

表 3-24　影响农村居民转移性收入的 Tobit 回归结果

变　　量	全部回归法		逐步回归法	
	回归系数	显著概率	回归系数	显著概率
生计资本自变量				
劳动力人数	−530.951***	0.000	−517.933***	0.000
年龄	43.4572***	0.003	47.7184***	0.000
家中最高教育程度	157.3615**	0.025	146.8708**	0.030
房屋结构	−127.1014	0.549		
向亲友借钱能力	−466.4869	0.193		
党员	976.2878**	0.012	1003.369***	0.007
截距	−3624.962***	0.005	−4197.043***	0.000
LR chi2	32.76***		32.41***	
伪 R^2	0.0178		0.0168	
对数似然值	−903.539		−950.311	

注：***、**、*分别表示通过 0.01、0.05 和 0.1 的显著性水平检验。

(八)公共财政对农村居民财产性收入增长的影响分析

根据前文分析，影响农村居民财产性收入的政策因素不显著；影响农村居民财产性收入的生计因子包括房间数量、生活工具种类。将这些因子作为农村居民财产性收入 Tobit 模型的自变量，分别用全部回归法和逐步回归法进行模型拟合，结果发现全部回归模型的似然比检验量为 4.66，逐步回归模型检验量为 4.02。根据表 3-25，生计资本中只有房间数量与农村居民财产性收入有显著关系，房间数量增加，农村居民财产性收入会增加。换言之，拥有更多房间或房屋的农村居民会有更高的财产性收入。由此可见，宅基地数量和面积会影响农村居民财产性收入，政策应加大农村居民对宅基地的使用权，使其获得更多的财产性收入。

表 3-25　影响农村居民财产性收入的 Tobit 回归结果

变　　量	全部回归法		逐步回归法	
	回归系数	显著概率	回归系数	显著概率
生计资本自变量				
房间数量	200.9955*	0.095	228.351**	0.043
生活工具种类	241.6626	0.338		
截距	−1731.783*	0.063	−1020.051*	0.088
LR chi2	4.66		4.02**	
伪 R^2	0.0014		0.0012	
对数似然值	−1633.032		−1703.145	

注：*** 、 ** 、 * 分别表示通过 0.01、0.05 和 0.1 的显著性水平检验。

四、农村居民贫困影响因子的 Probit 模型分析

(一)贫困户生计资本状况

从贫困户与非贫困户的生计资本状况比较来看，根据表 3-26，在自然资本上，贫困户人均耕地面积小于非贫困户，人均林地面积高于非贫困户，但自然资本指标未通过显著性检验，可见自然资本匮乏并非农户贫困的根本原因。

在人力资本上，贫困户家庭人口数多于非贫困户，但劳动力人数却少于非贫困户；贫困户平均年龄略低于非贫困户，受教育程度略低于非贫困

户，健康状况比非贫困户差。人力资本指标中只有健康状况通过了显著性检验，可见因病致病是农户贫困的重要原因之一。

表 3-26 贫困户与非贫困户生计资本比较

类别	变 量	单位	贫困户均值	非贫困户均值	均值比较显著概率
自然资本	人均耕地	亩	1.27	1.49	0.288
	人均林地	亩	4.06	2.98	0.165
人力资本	家庭人口数	人	5.01	4.78	0.549
	劳动力人数	人	2.7	2.97	0.387
	年龄	年	45.9	46.2	0.877
	受教育程度	年	9.08	9.11	0.935
	最高教育程度	年	11.9	12.1	0.652
	健康状况	%	2.67	2.33	0.008***
物质资本	房间数量	间	3.8	4.0	0.598
	房屋结构	%	2.10	2.15	0.667
	生产工具种类	个	0.52	0.65	0.138
	家庭有无农业机械	%	0.20	0.34	0.009***
	生活工具种类	个	2.65	3.50	0***
金融资本	高利贷贷款能力	%	0.13	0.10	0.541
	向亲友借钱能力	%	0.68	0.47	0.001***
	人均纯收入	元	1405	8390	0***
社会资本	民族	%	0.85	0.82	0.634
	党员	%	0.23	0.28	0.316
	特殊经历	%	0.20	0.22	0.709
	亲朋好友交往程度	%	2.19	2.04	0.192
	参加村里活动次数	次	3.78	5.04	0.024**
	去集市时间	分钟	36	47	0.033**

注：***、**、* 分别表示通过 0.01、0.05 和 0.1 的显著性水平检验。

在物质资本上,贫困户房间数量略少于非贫困户,房屋结构比非贫困户略差,生产工具和生活工具种类均少于非贫困户,贫困户家庭有农业机械比例低于非贫困户。物质资本中家庭有无农业机械和生活工具种类通过了显著性检验,可见现代化物质匮乏是农户贫困的重要原因之二。

在金融资本上,贫困户高利贷贷款比例和向亲友借钱比例均高于非贫困户,人均纯收入更只有非贫困户的17%(1405/8390)。金融资本中向亲友借钱能力和人均纯收入均通过了显著性检验,可见金融资本匮乏是农户贫困的重要原因之三。

在社会资本上,贫困户少数民族比例略高于非贫困户,党员比例略低于非贫困户,家中有特殊经历(国企员工或干部)比例略低于非贫困户,亲朋好友交往程度略高于非贫困户,参加村活动次数少于非贫困户,去集市时间少于贫困户。社会资本中参加村活动次数和去集市时间指标通过了显著性检验,可见社会交往能力差和社会资本薄弱是农户贫困的重要原因之四。

(二)贫困户政策参与状况

从农户是否陷入贫困这一贫困户识别变量对公共政策参与影响来看,根据表3-27,贫困户在新型养老保险参与率上高于非贫困户,在农业科技推广服务、农业信息服务参与率上低于非贫困户,其余政策的两者参与率并没有显著差异。由此可见,在调查区域,有利于农村居民收入直接增长的公共政策(社会保障政策)能使贫困居民受惠,有利于农村居民收入间接增长的公共政策(财政支农政策)能使非贫困居民受惠。

表3-27　贫困户与非贫困户政策参与情况比较

政策参与变量	贫困户均值	非贫困户均值	均值比较统计量 t/t'	均值比较显著概率
农村最低生活保障	0.0879	0.0697	−0.546	0.586

续表

政策参与变量	贫困户均值	非贫困户均值	均值比较统计量 t/t'	均值比较显著概率
新型农村合作医疗	0.9780	0.9216	-2.315*	0.062
新型农村养老保险	0.7931	0.7900	-0.059	0.953
信用社贷款	0.2857	0.3781	1.575	0.126
危房改造	0.1319	0.1471	0.344	0.731
农业科技推广服务	0.2333	0.3725	2.476**	0.019
农业信息服务	0.2198	0.3578	2.505**	0.018
农业保险	0.2637	0.3350	1.248	0.225
专业合作组织	0.2857	0.2500	-0.375	0.708
农产品生产基地	0.1209	0.1471	0.599	0.550
农业补贴	0.6889	0.6814	-0.127	0.899
政府最低价收购	0.2088	0.2794	1.328	0.201
劳动力技能培训	0.3736	0.3824	0.142	0.887

注：①当方差不齐次时，单因素方差分析 t 检验值为校正的 t' 值。② *** 、 ** 、 * 分别表示通过 0.01、0.05 和 0.1 的显著性水平检验。

(三)影响农户贫困的因子分析

本书采用 Probit 模型分析农户陷入贫困的可能性。模型具体形式为：

$$Y^* = \alpha + \beta X + \varepsilon \text{ 和 } Y = \begin{cases} 1, & \text{当 } Y^* > 0 \text{ 时，农民已经陷入贫困} \\ 0, & \text{当 } Y^* \leq 0 \text{ 时，农民没有陷入贫困} \end{cases}$$

Y^* 是不可观测的潜变量；Y 则是实际观测到的因变量，表示农民是否陷入贫困，0 为没有陷入贫困，1 为陷入贫困；X 为自变量，包括农民生计资本变量矩阵、政策参与变量矩阵。运行 STATA 统计软件，采用自变量逐步回归法进行估算。根据表 3-28 的回归结果，逐步回归模型的似然比检验量为 32.65，通过了显著性检验。生计资本因子中只有健康状况、生活工具种类、向亲友借钱能力对农村居民是否贫困有显著影响。在其他变量不变的前提下，受访者健康状况每改善一个等级，贫困发生率降低 5.43%，受访者健康状况改善有利于农村居民脱贫。在其他变量不变的前提下，农村居民生活工具种类增加 1 项，农户贫困发生率降低 6.67%，生活条件改善有利于农村居民脱贫，可见生活条件改善既是农村居民脱贫的结果，也是农村居民脱贫的成因，这体现在生活条件改善对农村居民其他生计资本的改善上，例如好的生活条件会有更好的健康状况和更高的人力资本。在其他变量不变的前提下，向亲友借钱的农村居民比没有借钱的农村居民的贫困发生率会提高 16.35%，可见金融资本缺乏是导致贫困的最直接原因。以上实证结果中政策参与因素均没有通过显著性检验，说明普惠式的政策对农户脱贫没有太大影响，贫困户贫困的根源在于疾病、生活条件差、缺应急资金。因此，农村居民脱贫一是要靠自身健康，二是要确保基本生活水平，三是要有基本的金融资本。

表 3-28　农村居民是否贫困的 Probit 回归结果

变量(农村居民是否贫困)	回归系数	Z	P>|Z|	边际效应
生计资本自变量				
健康状况	0.1608*	1.95	0.051	0.0543
生活工具种类	-0.1975***	-3.48	0	-0.0667
向亲友借钱能力	0.4842***	3.07	0.002	0.1635
截距	-0.5913*	-1.84	0.066	
LR chi2	32.65***			
伪 R^2	0.0937			
对数似然值	-157.832			

注：边际效应指各虚拟变量从 0 到 1 带来的变化；***、**、*分别表示通过 0.01、0.05 和 0.1 的显著性水平检验。

第四节 结 论

本书基于武陵山区 71 县 2021 年农民收入及其影响因素，以及重庆市黔江区和酉阳县 2013 年农户调查数据，分析公共财政对农村居民收入的影响效应。结论如下：

• 县域层面农户收入影响因素。研究发现，土地占有水平、财政支出水平、城镇化水平、人口受教育水平、旅游景点建设水平影响因子在很大程度上解释了农民收入水平的空间差异，表明在武陵山区，盘活闲置土地资源、扩大财政支出规模、提高各级各类教育普及和加快旅游产业开发等举措对于提高农民收入有着重要影响。同时，上述任意两个因子共同作用时会增加对农民收入水平的解释力，表明武陵山区农民收入水平受多种因素综合影响，多举措并行的发展方式对提升武陵山区农民收入水平十分有效。

• 样本户政策参与与满意度方面。研究发现，在政策参与度方面，按照参与率由大到小依次排序为：新农合>新农保>农业补贴>劳动力技能培训>信用社贷款>农业科技推广服务>农业信息服务>农业保险>专业合作组织>政府收购>危房改造>农产品生产基地>农低保，整体上大部分财政支持政策普及率较高，农户参与意愿较强。在政策满意度方面，农户对基础设施、产业项目等方面的政策较为满意，但金融扶持、资金补贴以及龙头企业、专业大户、服务组织带动等方面的政策尚需进一步改进加强。

• 哪些因素会影响农村居民人均纯收入增长？财政支持政策能否促进农村居民增收？研究发现，影响农村居民人均纯收入增长的生计资本因子中人均耕地面积、健康状况、生活工具种类、向亲友借钱能力通过了显著性检验。政策参与因子中只有农村最低生活保障参与变量通过了显著性检验。在其他变量不变的前提下，非低保户比低保户收入要高。由此说明影响农村居民纯收入增长的因素一要靠耕地，二要靠自身健康。生计资本是影响农村居民人均纯收入增长的重要因素，公共财政政策中只有农村最低生活保障制度有利于促进农民增收。

• 哪些因素会影响农村居民务农决策？促进农村居民农业收入增长的公共政策有哪些？研究发现，影响农村居民务农的生计资本因子中只有年龄、人均耕地面积对其务农行为有显著影响。政策参与因子中农业科技推广服务和专业合作组织两变量对农村居民务农行为有显著正效应。在其他变量不变的前提下，参加了农业科技推广服务的农村居民将会比没有参加的农村居民务农可能性会提高 8.79%，参加了专业合作社的农村居民将会比没有参加的居民务农概率提高 19.6%。由此可见，农业科技推广服务和专业合作组织有利于提高农村居民务农积极性，从而确保地方粮食安全和农产品供给充足。影响农村居民农业收入增长的因子与务农影响因子大致一致，只是增加了家庭有无农业机械、农业科技推广服务、农产品生产基地和政府最低价收购等变量。由此说明公共财政政策能够促进农村居民农业收入增长，具体措施包括：一是政府帮助农村居民进行规模化种植；二是政府出台优惠政策帮助农村居民机械化耕种；三是政府加大农业科技推广服务力度；四是政府帮助农村居民成立和加入专业合作组织，规避经营风险；五是对于重要和关键农产品，政府出台最低价收购政策，规避市场经营风险。

• 哪些因素会影响农村居民经营性非农收入增长？促进农村居民经营性非农收入增长的公共政策有哪些？研究发现，生计资本因子中家中最高教育程度、健康状况、房屋结构、家庭有无农业机械通过了显著性检验。政策参与因子中仅有信用社贷款与农村居民经营性非农收入呈显著正相关，即获得过信用社政策的农村居民比没有贷款过的农村居民有更高的经营性非农收入。家庭个体经营需要农村家庭更多的风险自担能力，因此公共财政政策能够促进农村居民经营性非农收入增长，具体措施包括：一是政府提供给农村居民接受更多的教育机会，尤其是职业教育，提高农村居民致富能力。二是政府提供更多的基本医疗产品和服务。三是制定包括危房改造在内的更多支持政策帮助农村居民改善住房条件，这也是农村居民的经营场所。四是继续加大农机具购置更新补贴等优惠政策帮助农村居民实行机械化种植，释放一部分劳动力，使其能够投入到非农个体经营活动中来。五是放宽信用社贷款条件和加大贷款力度，使更多的金融资本汇聚到有想法、有能力但缺资金的乡村"准精英"中去。

● 影响农村居民外出打工行为的因素有哪些？促进农村居民私人部门工资收入增长的公共政策有哪些？研究发现，影响农村居民打工行为的生计资本因子对农村居民打工行为没有显著影响。政策参与因子中，农低保和新农保两变量对农村居民打工行为显著负相关。在其他变量不变的前提下，非低保户将会比低保户打工概率提高 36.34%，没有参加养老保险的农村居民将会比参保的农村居民打工可能性提高 23.08%。由此可见，公共财政政策能够促进农村居民私人部门工资收入增长，具体措施包括：允许外出务工的低收入农民申请低保，加快城乡社会养老保险制度统筹，提高城乡居民养老保障水平。影响农村居民私人部门工资收入增长的因子与打工因子基本一致，只是增加了生活工具种类、农业科技推广服务两因子。这进一步说明，政府在农村居民打工行为方面应给予更多的政策自主权，同时农村各项惠农制度应与城市各项惠民制度相衔接。

● 影响农村居民公共部门工资收入增长的因素有哪些？促进农村居民公共部门工资收入增长的公共政策有哪些？研究发现，影响农村居民公共部门工资收入增长的生计资本因子中劳动力人数、受访者受教育程度、党员、特殊经历变量通过了显著性检验。政策参与因子中仅有农业信息服务与农村居民公共部门工资收入呈显著正相关，即获得过农业信息服务的农村居民更容易获得更多的公共部门工资收入。因此公共财政政策能够促进农村居民公共部门工资收入增长，具体措施包括：一是政府实行优生优育政策，提高农村人口素质；二是政府提供给农村居民接受更多的教育机会，尤其是增加农村孩子高等教育的机会；三是政府加强农村党员队伍建设和教育培训工作，发挥党员带头致富作用；四是政府给予乡村精英更多支持政策，促进乡村精英带动村民共同致富；五是政府对正式岗位招聘进行信息公开，制定公共部门公开招聘和竞聘上岗的招聘制度。

● 影响农村居民转移性收入增长的因素有哪些？促进农村居民转移性

收入增长的公共政策有哪些？研究发现，生计资本中劳动力人数、年龄、家中最高教育程度、党员变量均与农村居民转移性收入有显著性关系。政策参与因子影响不显著。由于国家财政资金有限，转移性收入的出现更多只是维持农村居民基本生活水平和基本生产条件，甚至有时是济危扶困，转移性收入增长并不等同于农村居民增收致富。因此，公共财政政策对促进农村居民转移性收入增长作用不明显，与其提高农村居民转移性收入增长，不如提高农村居民生活和生产的基本保障能力，这包括：一是政府继续实行养老、医疗、低保、教育、住房等社会保障政策；二是政府在自然灾害和价格波动时期给予农户生产救助和市场扶持政策。

● 影响农村居民财产性收入增长的因素有哪些？促进农村居民财产性收入增长的公共政策有哪些？研究发现，生计资本中只有房间数量与农村居民财产性收入有显著性关系，房间数量增加，农村居民财产性收入会增加。换言之，拥有更多房间或房屋的农村居民会有更高的财产性收入。政策参与因子影响不显著。由此可见，公共财政政策对促进农村居民财产性收入增长作用不明显，由于宅基地数量和面积会影响农村居民财产性收入，政策应加大农村居民对宅基地的使用权，使其获得更多的财产性收入。

● 影响农户脱贫的因素有哪些？促进贫困户收入增长的公共财政政策有哪些？研究发现，生计资本因子中只有健康状况、生活工具种类、向亲友借钱能力对农村居民是否贫困有显著影响。在其他变量不变的前提下，受访者健康状况每改善一个等级，贫困发生率降低 5.43%；农村居民生活工具种类增加 1 项，农户贫困发生率降低 6.67%；向亲友借钱的农村居民比没有借钱的农村居民的贫困发生率会提高 16.35%。政策参与因子均没有通过显著性检验，说明普惠式的政策对农户脱贫没有太大影响，贫困户贫困的根源在于疾病、生活条件差、缺应急资金。因此，农村居民脱贫一是要靠自身健康，二是要确保基本生活水平，三是要有基本的金融资本。

第四章 全面建成小康社会后对脱贫村庄的调查

第一节 调 查 方 案

2020年以来,政府和民间组织在调查地区实施了多项与农民增收有关的项目,采取了多种与农民增收有关的政策措施,包括:农业补贴、最低生活保障、城乡居民基本医疗保险、城乡居民基本养老保险、农产品最低价收购、生态补偿、以工代赈、劳动力培训、三产融合和产业链建设、小额信贷、农村产权制度改革、基础设施建设等。

课题组对标《巩固脱贫成果后评估办法》对武陵山区 H 县进行了一次财政支持农民增收情况调查。采用实地调研和机构访谈相结合的方式,获取11村一手资料。其中,集聚发展型村庄选取 4 个,用 A1、A2、A3、A4 表示,主要指产业基础好、经济实力强、地理位置优、生态环境美以及位于城市近郊的村庄;特色发展型村庄选取 5 个,用 B1、B2、B3、B4、B5 表示,主要指文化资源丰富、自然风光独特、村庄风貌突出、产业特色较强的村庄;改造提升型村庄选取 2 个,用 C1、C2 表示,主要指产业基础薄弱、生产生活条件一般、空心化比较严重的村庄,是乡村振兴的重点和难点。

经统计分析、对比研究,我们最后对 H 县 2021—2022 年度公共财政支持农民增收情况进行总结评估。其中,2021 年 H 县调研的 11 村基本情况见表 4-1,2022 年 11 村对标评估汇总见表 4-2。

表 4-1　调研乡村 2021 年基本情况

村　名	2021 年户籍人口（人）	"七普"常住人口（人）	2021 年农村居民人均可支配收入（元）	易返贫致贫人口（人）	主导产业	2022 年是否有大规模返贫的可能性
集聚发展型 A1	822	496	20000	31	特色民宿、光伏电站、蔬菜瓜果种植	无
集聚发展型 A2	1814	1339	15600	5	茶叶、箬叶	无
集聚发展型 A3	766	499	19217	3	田园综合体、马铃薯专业村、药材种植	无
集聚发展型 A4	466	329	15000	0	茶叶、猕猴桃	无
特色发展型 B1	371	178	7200	0	中药材、箬叶	无
特色发展型 B2	586	323	10000	30	箬叶、蜜蜂养殖、茶叶、外出务工	无
特色发展型 B3	661	265	12000	35	油茶、银杏、青钱柳、烟叶、野生茶、峰蜜、土豆	无
特色发展型 B4	1518	1120	12000	12	有机茶	无
特色发展型 B5	841	443	11800	7	茶叶、畜牧业养殖、中药材	无
改造提升型 C1	820	428	11111	3	经济林木、林下中药材种植	无
改造提升型 C2	820	369	11616	27	箬叶、茶叶、烟叶、务工	无

数据来源：课题组调查资料和 H 县乡村振兴局建档立卡数据库。

表4-2 11村对标中央和省巩固脱贫评估后评估指标的汇总情况

序号	评估指标	集聚发展型A1	集聚发展型A2	集聚发展型A3	集聚发展型A4	特色发展型B1	特色发展型B2	特色发展型B3	特色发展型B4	特色发展型B5	改造提升型C1	改造提升型C2
1	防止返贫动态监测和帮扶情况（户）	6	2	0	3	1	2	0	2	2	0	2
2	易地搬迁后续扶持情况（户）	19	0	69	7	38	31	78	83	2	98	57
3	脱贫地区乡村特色产业发展情况	有	有	有	有	有	有	有	有	有	有	有
4	脱贫人口就业帮扶和务工人数变化情况（与2021年相比）	稳定	稳定	减少	减少	增加	稳定	稳定	减少	稳定	增加	稳定
5	村庄规划编制情况	有	有	有	有	有	有	有	有	有	有	有
6	"四好"农村道路建设情况	有	无	有	有	有	有	无	有	无	无	有
7	农村供水保障情况	有	有	有	有	有	有	有	有	有	有	有
8	乡村清洁能源工程建设情况	有	无	有	有	有	有	无	有	有	无	无
9	数字乡村建设情况	无	无	无	有	无	有	无	有	有	有	有
10	农村寄递物流建设情况	无	无	有	有	有	有	无	有	无	无	有

续表

序号	评估指标	集聚发展型A1	集聚发展型A2	集聚发展型A3	集聚发展型A4	特色发展型B1	特色发展型B2	特色发展型B3	特色发展型B4	特色发展型B5	改造提升型C1	改造提升型C2
11	村级综合服务设施建设情况	有	有	有	有	有	有	有	有	有	有	有
12	农村"厕所革命"推进情况	有	有	有	有	有	有	有	有	有	有	有
13	农村生活污水治理情况	无	有	有	有	有	有	无	有	无	无	有
14	农村生活垃圾治理情况	有	有	有	有	有	有	有	有	无	有	有
15	农村教育质量提高情况	无	无	无	有	无	有	无	无	无	有	无
16	健康乡村建设情况	有	有	有	有	有	有	有	有	有	有	有
17	农村就业政策与服务体系建设情况	有	有	有	有	有	有	有	有	有	有	有
18	农村基本医疗保险、基本养老保险、低保、特困供养体系建设情况	有	有	有	有	有	有	有	有	有	有	有

续表

序号	评估指标	集聚发展型 A1	集聚发展型 A2	集聚发展型 A3	集聚发展型 A4	特色发展型 B1	特色发展型 B2	特色发展型 B3	特色发展型 B4	特色发展型 B5	改造提升型 C1	改造提升型 C2
19	农村留守儿童和妇女、老年人以及困境儿童的关爱服务情况	有	有	有	有	有	有	有	有	有	有	有
20	农村公益性殡葬设施建设情况	无	无	无	无	无	无	无	无	无	无	无
21	农村公共文化服务体系建设情况	有	有	有	有	有	有	有	有	有	有	有
22	农村改革推进情况	有	有	有	有	有	有	有	有	有	有	有
23	抓党建促乡村振兴推进情况	有	有	有	有	有	有	有	有	有	有	有
24	村民自治组织能力建设情况	有	有	有	有	有	有	有	有	有	有	有
25	新时代农村精神文明建设和文明村镇建设情况	有	有	有	有	有	有	有	有	有	有	有
26	推进乡村依法治理情况	有	有	有	有	有	有	有	有	有	有	有

续表

序号	评估指标	集聚发展型 A1	集聚发展型 A2	集聚发展型 A3	集聚发展型 A4	特色发展型 B1	特色发展型 B2	特色发展型 B3	特色发展型 B4	特色发展型 B5	改造提升型 C1	改造提升型 C2
27	财政衔接推进乡村振兴补助资金绩效后续和扶贫项目资产管理情况	有	有	有	有	有	有	有	有	有	有	有
28	农村低收入人口常态化帮扶情况	有	有	有	有	有	有	有	有	有	有	有
29	2022年1月巩固脱贫后评估督查反馈问题落实情况	有	无	有	有	无	无	无	有	无	无	无
30	脱贫地区农村居民收入增速情况	达标	达标	达标	达标	达标	达标	达标	达标	达标	达标	达标
31	脱贫户和防止返贫监测对象"两不愁三保障"及饮水安全状况、收入支出变化情况	达标	达标	达标	达标	达标	达标	达标	达标	达标	达标	达标
32	防范化解因灾返贫致贫情况	无	无	无	无	无	无	无	无	有	无	无
33	巩固脱贫成果群众认可度	满意	满意	满意	满意	满意	满意	满意	满意	满意	满意	满意

资料来源：课题组对各村调研问卷的整理。

第二节　农民增收情况与巩固脱贫攻坚情况调查

一、评估结果

(一)防止返贫动态监测方面

根据该县乡村振兴局提供的数据,截至 2021 年底,全县建档立卡脱贫人口 71121 人,其中易返贫致贫(监测)人口 2397 人,占脱贫人口的 3.37%,未消除风险者有 282 人,占脱贫人口的 0.4%,整县发生规模性返贫的概率极低。调研的 11 村截至 2022 年 8 月共有易返贫致贫监测户 20户,其中 C1 村、B3 村和 A3 村没有。通过产业扶持、低保帮扶、医疗保障、助学贷款、危房改造和临时慰问等政策扶持,11 村均认为截至目前不存在规模性返贫可能性。

(二)低收入人口常态化帮扶方面

一是农村低收入人口常态化帮扶情况。11 村均有低收入人口常态化帮扶机制。A1 村主要是设置公益性岗位,走访入户记录生活困难家庭,同时为低收入家庭多争取些慰问的名额和政策;A2 村发放产业发展补贴、开展务工就业培训与交通补贴;A3 村重点关注 54 户监测户,建立了《A3 村尖刀班巩固脱贫攻坚成果与乡村振兴有效衔接后评估工作责任清单》;A4 村将低收入群体纳入最低生活保障,实施就业培训帮扶、慰问及产业奖补扶持等措施;B1 村进行低保兜底;B2 村对低收入人口进行常规监测,政策宣传;B3 村开展政策宣传、技术指导;B4 村为其积极争取农村危房改造、义务教育助学、雨露计划、生态补偿、农村特困供养、农村低保政策、临时救助、健康帮扶,慢性病签约服务、大病集中救治、城乡居民基本养老保险参保缴费补贴、残疾人两项补贴政策等;B5 村实施低保、临时救助、冬春救助等措施;C1 村对其进行就业政策和岗位宣传、务工培训;C2 村推行常态化防返贫机制，为其积极申请产业兜底、援助等政策。

二是脱贫人口就业帮扶和务工人数变化情况。除 B1 村、C1 村今年进城务工人数增多，A3 村、A4 村、B4 村务工人数减少之外，其余 6 村人数稳定。就业帮扶政策方面，一是村里引进的企业委托村委进行宣传，让村民对口就业；二是当地能人大户实施季节就业；三是人社部门提供就业信息，对脱贫户发放差派补助，如脱贫户外出务工工作比较稳定的，在省内稳定就业一年以上有每年 300 元交通补贴，省外每年 500 元交通补贴；企业吸纳脱贫户或监测户签订一年以上劳动合同的一年补贴 1000 元给务工者，从事疫情防控相关工作的每年给予 2000 元补贴。

(三)乡村特色产业发展方面

从产业发展具体情况来看，大多数调研村主导产业以种植业(茶叶、箬叶、烟叶、中药、马铃薯、水果、蔬菜、油茶等)、养殖业(蜜蜂、肉猪)为主，少部分村发展文化旅游业，还有极个别村以饮用水和电子商务为主。第一产业存在农业机械化水平低，农业技术推广不够，农产品深加工能力有限，农产品受自然灾害影响较大，主导产业应对自然风险和市场风险的能力不足等问题。此外，许多村庄凭借当地自然地理特征、文物古迹和英雄模范等大力发展文旅产业，但旅游业发展面临 2020—2022 年新冠肺炎疫情对客流的冲击，再加上内生动力不够，配套设施建设不足，导致文旅产业和各种与之相配套的现代服务业发展缓慢。

(四)乡村建设方面

一是村庄规划编制情况。各村基本都编制了村庄规划，但个别村认为规划的部分内容不太符合实际，村庄发展缺乏专业指导。二是"四好"农村路建设情况。A2 村、B3 村、B5 村和 C1 村认为道路建设限于资金制约，普遍比较窄，达不到规定的标准，其余 7 村正在修建"四好"农村路。11 村都提到了缺乏资金、审批手续繁琐(道路修建涉及耕地、水利)等问题。三是农村供水保障情况。11 村都实现了供水保障。四是乡村清洁能源工程建设情况。B3 村和 C1 村认为交通、地形、资金等条件难以建设清洁能源工程，C2 村的清洁能源工程废弃了或未用。五是数字乡村建设情况。A1 村和 A2 村认为没有资金建设。六是农村寄递物流建设情况。A4 村、B2 村、B4 村、C2 村有快递点，其余 7 村没有，原因是村民居住分散，交通不便，快递数量少，不足以实现快递运营企业的盈利。七是村级综合服务设施建设情况。11 村都有综合服务设施。

（五）人居环境建设方面

一是环境保护情况。除了 A2 村有集中污水池和处理设施，运行效果好外，其余 10 村受制于山区现状没有集中统一的污水处理设施，大部分是村民自己处理，一部分排放到化粪池，一部分排放到沼气池。在农村生活垃圾治理方面，10 村认为有垃圾集中处理点，户收集、户分类，镇里每周 1 次集中转运，目前运行良好。B5 村反映垃圾收集箱不能到组到户，不具备集中处理的条件。此外，11 村均实施"厕所革命"，家家户户建有三格式化粪池。

二是易地搬迁后续扶持情况。除 A2 村外，另外 10 村有 482 户搬迁户。搬迁的主要原因是"交通不便，一方水土养活不了一方人"，再加上房屋老化，导致搬迁户心理落差大。扶持措施为：一是支持发展特色农业产业，提供务工信息，增加就业机会；二是引进市场主体，流转村民土地，增加村民收入；三是加强扶贫资产后续管护，确保易地搬迁户留得下、住得稳。

（六）基本公共服务方面

一是农村教育质量提高情况。11 村均无适龄儿童辍学，只有 A4 村、C1 村有一所小学，其余 9 村均无小学。二是健康乡村建设情况。11 村均有规范化的乡村卫生室或有距离较近的公共卫生室。有家庭签约医生，有慢性病和重大疾病排查机制，定期开展家庭医生上门服务和慢性病定期筛查。三是农村就业政策与服务体系建设情况。11 村均开展就业政策与服务体系建设，为村民提供就业信息和技术培训，为村民介绍、宣传和提供就业岗位。四是农村基本医疗保险、基本养老保险、低保、特困供养体系建设情况。基本医疗保险参保率和基本养老保险参保率接近100%，与上年相比无较大变化。对低保和特困户实施社会救助、生产扶持、吸纳到公益岗位就业等帮扶措施。五是农村公益性殡葬设施建设情况。11村均无公益性殡葬设施。基本以土葬为主，公墓在规划之中，没有正式实施，村民也难以接受这种殡葬方式，一般是土葬。六是农村公共文化服务体系建设情况。11村均有文化活动室、图书室、文化广场，每隔一段时间放映公益电影和举行公益演出。

（七）乡村治理方面

一是农村改革推进情况。7个村认为有农村承包地确权登记颁证试点工作、深化农村集体产权制度改革，但还在初期推进阶段。A2村、A4村、C1村、C2村认为还没推进到村。

二是抓党建促乡村振兴推进情况。11村均有开展促进乡村振兴的党建工作。A1村党支部将农村党员分类管理与"我为群众办实事"活动相结合；A2村将致富带头人发展为党员，党员带领农村农户致富；A3村探索实施党员分类管理和细化考评。

三是村民自治组织能力建设情况。11村均开展了村民自治组织能力建设工作。村民委员会发挥作用良好，受访脱贫户均知道本村有驻村工作队，且认识村两委成员。但是，村经济合作社能够分红的只有几家，村集体经济能力有待加强。

四是精神文明建设情况。11村均有村规民约，每年均开展先进典范、模范个人评选活动。A1村将村规民约修订成一个朗朗上口的版本。A3村通过宣传发动、评比挂牌和身体力行帮忙干等方式，消除"厨房、厕所、猪圈"环境卫生死角，美化亮化环境。

五是推进乡村依法治理情况。11村均依法开展了化解邻里纠纷，调解社会矛盾，处理民事诉讼和法律咨询、援助等工作。

六是财政支持和扶贫资产管理情况。11 村均认为财政衔接推进乡村振兴补助资金投入取得了良好效果。A1 村省级单位驻村工作队还投了 20 万元。财政资金和扶贫资产项目一一对应，扶贫项目后续管理良好。

二、具体成效

一是脱贫地区农村居民收入增速情况。11 村整体发展高于 2021 年，农村居民人均可支配收入预计会不低于去年。7 村均预计村集体收入高于上年，但 A4 村、B2 村、B3 村、C2 村村集体收入预计低于去年。二是脱贫户和防止返贫监测对象"两不愁三保障"及饮水安全状况、收入支出变化情况。11 村的受访脱贫户认为"两不愁三保障"、饮水安全得到了切实保障，认为今年收入不会低于去年。三是防范化解因灾返贫致贫情况。11 村均认为不存在因灾返贫致贫现象。四是巩固脱贫成果群众认可度。11 村的受访脱贫户、一般户均表示满意。

三、典型做法与经验

一是马铃薯专业村建立强村富民利益连接机制。为落实国家粮食战略，进一步推动传统农业转型升级，解决当地土地碎片化问题，促进农民增收，在镇党委镇政府的支持下，省级单位驻村工作队协助 A3 村加快推进土地规模化流转工作。2022 年，A3 村新增集中流转土地 1800 亩，采取"企业+农户+合作社+基地"的模式，通过土地租金、产品分红和就近就业等方式，使每亩土地增值 1000 元至 2000 元。同时，规划带动周边 3 个村集中流转土地规模 3500 亩，共同打造 5000 亩马尔科马铃薯种植基地，预计实现年度 4000 万元产值，为当地乡村振兴注入新的动力。上半年，第一季马尔科马铃薯获得了大丰收，预计收获马尔科马铃薯 700 万斤，按照协议，将为村集体经济及村民分别分红 70 万元。

二是定点帮扶单位精准施策扶真贫助振兴。每个定点帮扶单位以强有力举措推动巩固脱贫攻坚成果，实现与乡村振兴的有效衔接。以 A1 村的省级单位驻村工作队为例：一是返贫动态监测方面，实行分片包户工作制度，重点关注"两不愁三保障"及饮水安全，累计开展全覆盖入户走访 10 轮，新纳入"三类监测对象"5 户，确保"监测对象"应纳尽纳。二是重点人群帮扶方面，关注监测户、五保、低保、重残、重病、优抚等重点人群，仅 2022 年上半年，就开展帮扶慰问活动 12 次，惠及 123 人，发放慰问物资及现金计 4.74 万元。募集资金 0.92 万元，用于儿童大病医保和免费午餐。三是消费助农方面，累计购买农副产品 193.71 万元，帮助销售农副产品 50.36 万元。四是产业发展方面，筹集资金 15.5 万元购买种薯、配套农资，新增土豆种植面积 160 余亩，初步测定亩均增收约 1500 元。省级单位驻村工作队邀请"土专家"深入田间地头，以实战形式开展果树管护培训，传授果园管理经验。五是人居环境改善方面，筹集资金 6.5 万元，新建垃圾集中收集点 13 处，垃圾转运放置台 2 处，设置垃圾转运站 4 处，增设垃圾清理、转运公益性岗位 2 个。筹集资金 17 万元，采用以奖代补的方式，组织村民建造、安装储水设施。六是就业帮扶方面，积极协调高速公路施工单位招收村民就业，提供就业岗位 31 个，为村民增收 223 万元。宣传企业招工信息，组织专车送村民到岗入职。

三是驻村帮扶助推乡村治理现代化。A3 村的村党支部成员平均年龄 34 岁，是一支年轻有活力的队伍。省级单位驻村工作队为提高乡村治理能力、解决乡村人才不足的问题，创新思路，和村党支部一起于 2021 年 10 月成立"新乡贤理事会"，吸引了近 60 名村里的退休人员、致富能手和有威望的行业带头人加入理事会。2022 年 4 月，驻村工作队还主导创办村集体经济合作社和村现代农业发展有限公司。在村党支部的领导下，新乡贤理事会、村集体经济合作社和村现代农业发展有限公司参与村内多项事务管理，从村集体经济、人居环境整治、矛盾纠纷化解、村级财务监督等方面，让村民"自己事情自己做主"，整合资源带领农户共同发家致富。①

---

① 相关内容来源于 H 县 A3 村调研资料。

第三节　农民增收问题及对策建议

一、存在的问题

第一，主导产业选择存在同质化、低端化现象。我们在本次调研中发现，因为前期全面脱贫任务时间紧、任务重，很多村都选择周期短、见效快、技术含量较低的产业，如茶叶、蔬菜、养殖业等蜂拥而上、盲目发展，同质化竞争激烈，销售渠道变窄，市场行情风险较大，一旦出现增产不增收的情况，就会严重挫伤脱贫户发展产业的积极性。

第二，交通与基本公共服务存在短板。交通方面，县交通大动脉还未打通，部分村道路主干道建设滞后，村内道路破损严重。但地方财政收入压力较大，乡村振兴配套资金较少，导致交通建设的 3~5 年过渡期内乡村振兴工作的接续存在困难。环保方面，11 个村有 10 个都没有集中污水池和处理设施。个别村的垃圾收集箱不能到组到户或镇垃圾车的集中转运跟不上需求。一些村民卫生环保意识较差，污水垃圾排放污染环境，影响有机茶等农产品产业发展。生活方面，个别村没有村卫生室且公用卫生室距离较远，个别村卫生室村医面临退休。个别村小学缺少优秀教师和良好的教学环境。7 个村没有快递点，不利于电商发展。供水保障方面，个别村存在季节性缺水。

第三，强村富民利益连接机制有待加强。在调研的 10 个村中，部分新型经营主体与小农户之间只是保持土地租赁和就近务工的单一关系，并未形成利益共同体，小农户收入低且常态化，没有以入股合作等方式参与产业增值收益分配。根据对 9 家经营户的典型调查，在产业经营方式上有 8 家选择自己单干，经营产业的技术来源有 8 家选择自己学习获得，经营的农产品销售渠道有 6 家选择订单。经营产业的资金来源有 7 家来自自己的积蓄，有 4 家来自政府补贴或小额信贷。在对自身身份认定上他们认为自己是农业生产大户或普通村民，尽管他们大多也参加了合作社或与龙头企业有对接，但对利益连接机制的感受不强，企业(或合作社)+农户的组织化程度不太高，龙头企业、村集体和合作社与农户的利益连接机制还需加强。

第四，易地搬迁后续扶持还差"最后一公里"。集中安置户搬迁后与其生产用地相离较远，不便于开展农业生产，集中安置点在环境卫生和公共管理方面存在较多问题。

第五，劳动力流失制约乡村产业发展。根据人口普查数据，2010—2020年H县常住人口减少12.63%，是恩施州人口减少最多的地区。2020年底，H县户籍人口21.6万人，但常住人口仅有17.5万人。60岁以上占比25.47%，人口老龄化程度远高于恩施州(60岁以上人口占20.55%)和湖北省(20.42%)的平均水平。根据课题组调研，绝大部分村都认为青壮年劳动力流失较快是制约主导产业发展的最主要问题，过半青壮年常年外出务工，留守农村的多是妇女、老人和儿童。

二、对策建议

(一)加快理顺乡村振兴体制机制

第一，实施全县乡村振兴规划评估，对不能落地的乡村振兴规划内容进行整改，使得村庄发展有规划可依。同时，加快调整乡村振兴部门的工作职能，加强人员配备，理顺工作职责，落实工作抓手。

第二，分类发展各级村庄。集聚发展型村庄要高起点定位、高标准建设、高水平打造，提升经济发展水平、环境卫生水平和村容村貌水平，建设成为设施齐全、功能完善、环境优美、村容整洁、产业兴旺、健康文明、制度健全、组织有力、生活富裕的现代化新农村。特色发展型村庄要发挥特色资源价值，加快打造文化特色型、生态特色型和产业特色型等村庄，在保护基础上进行适度开发，适度发展特色旅游业，推动文旅、农旅融合发展。改造提升型村庄是乡村振兴的重点和难点，对于传统村落，应充分挖掘文化价值，在保护基础上实现与发展的良性互动，推动传统村落振兴；需要加快农村人居环境整治，配套完善基础设施；强化产业培育，推进"一村一品"建设，发展优质林果、生态养殖、乡村旅游等特色产业，激发乡村活力，提振人气。①

（二）加大财政支持力度

第一，加强交通财政资金投入，确保脱贫村交通基础设施建设进一步完善；第二，合理统筹资金，建议衔接资金加大对产业的支持，加大用于基础条件落后的村的比例；第三，建议省技改项目对 H 县的企业门槛从2000 万元降低到 500 万元。

（三）加快推进有机茶全产业链建设

一是对当地有机茶产业实施差别化政策和财政补助；二是全面推进茶园统防统治，建设乡镇有机茶质量监测点；三是将 H 县纳入全省农业社会化服务建设重点县，试点茶产业社会化服务体系；四是推进有机茶科技攻关，建设数字化有机茶加工厂；五是将 H 县纳入"美丽环境与美好生活共同缔造"重点示范县，优先开展茶叶产区污水治理工作；六是整体设计推广当地有机茶品牌，推动凉茶康养融合发展；七是加强党建引领建设绿色有机示范村，增强企业社会责任感；八是实施"直销经销+线上线下+国内国外"有机茶现代营销工程；九是加强有机茶发展人才建设，培育茶工匠。

（四）持续改善农村人居环境，补足基础设施和基本公共服务短板

一是加快基础设施建设。重点对 68 条共计 1408 公里的农村道路实施农村公路提档升级工程，尤其是 B4 村道路建设尽快完成全覆盖。加强城乡供水一体化、农村电网改造升级、"气化乡镇"和数字乡村建设。二是要与农民自用相结合，解决乡村旅游普遍面临的淡季旅游设施闲置的问题。

———————————

① 参考《H 县乡村振兴战略规划（2019—2023 年）》。

三是推进"厕所革命"、精准灭荒、乡镇生活污水治理和城乡垃圾处理四项重大生态工程建设,督促村民建三栏式化粪池,常住人口较多村集中垃圾处理每周不少于 2 次。四是深入推进基本公共服务建设,尽快实现"快递下乡进村",人流量不够的村可联合几个村建快递点,加快村学校和卫生室提档升级,多方引进教师、医护等专业人才。

(五)多举措突破乡村人才振兴困境

一是以种田能手、专业大户、家庭农场主、企业管理人才等本土人才为重点对象,通过技术培训、定向扶持和社会保障政策来激励培育更多乡村人才。二是进一步选优配强村级领导班子,提高村"两委"年轻干部工作经验,加强工作经费落实和专业指导,为村干部代缴灵活就业养老保险。借鉴 A3 村经验,吸引下乡市民、返乡农民工、退役军人、农业院校学生、致富能手和有威望的行业带头人分门别类加入理事会,成立新乡贤理事会,储备高质量后备人才。在村党支部的领导下,新乡贤理事会参与村级事务管理。三是大力引进科技副职干部,加大科技特派员深入田间地头,组建院士专家工作站,依托"千企联百校"活动引进科研院校科技人才来当地进行研究服务。在茶产业链建设、中药材精深加工、中蜂养殖等方面引进和实施科技项目,推动产品创新和技术创新,提升产品附加值和企业核心竞争力。

(六)探索脱贫地区壮大集体经济的 H 模式

一是全面完善集体经济组织管理制度,将发展壮大集体经济作为优化乡村治理的重要方面,构建清晰的产权结构和健全的治理结构;二是支持脱贫村集体经济组织承接政府公共服务项目,鼓励集体经济组织发展生产性服务业,引导集体经济组织为进入乡村的外来投资主体提供矛盾协调、劳务用工、物业管理等配套性服务;三是探索集体经济多村联营制,鼓励多个村集体经济组织通过共同出资的方式联合成立多村合作集体经济组织,以农村股份合作社联合社或土地股份合作社联合社的组织形式实现对多村资源的有效整合，形成"强强联合""弱弱抱团"或"强弱互补"的发展格局；四是创设集体经济发展专项基金，通过整合现有各部门涉农资金，设置支持集体经济发展的专项基金，作为集体经济发展的启动资金或贷款贴息、融资担保资金；五是建立强村富民利益连接机制，依托农业龙头企业、农民专业合作社、家庭农场的辐射带动作用，建立和完善"公司+合作社+农户"订单式、"股金+租金+薪金"股份式、"社会化服务+小农户"托管式、"大市场+小微商"市场式四大利益连接机制，通过股份合作、订单合同、服务协作、土地流转等实现利益连接。①

（七）解决易地搬迁后续扶持"最后一公里"问题

一是开展农用地有序流转，让搬迁户获得土地出租收入；二是建设扶贫车间，加强公益岗位数量，解决就业突出问题；三是采取公司+村集体（或合作社）+村民的产业发展模式，使搬迁户向产业农民转变；四是依托社区党群服务中心，完善社区服务管理，解决搬迁户的医疗教育和文化生活等需求。

---

① 郭晓鸣．贫困地区农村集体经济发展的挑战与建议[N]．四川日报，2019-03-29.

第五章　公共财政支持农民增收的
武陵模式总结

当今中国，区域之间的竞争，已经由最初的拼资源、拼区位、拼机会，升级为拼模式、拼制度、拼智慧。① 根据课题组调研和文献收集，我们对武陵山区农民增收有益的经典案例进行了总结。这包括：湖北省恩施州"硒+X"全产业链模式、鹤峰县三茶统筹模式、铁炉白族乡特色农业综合发展模式、五峰土家族自治县"旅游+N"融合发展模式、恩施州重点人群促就业稳增收模式、唐家铺村"三业三网"巩固脱贫模式、重庆市黔江区中元村高山移民模式、跨行政区划经济协作的龙凤模式、贵州铜仁市数"智"赋能模式和财政涉农资金整合模式，希冀从中找到成功的经验和有益的借鉴。

第一节　公共财政支持特色产业促增收的经验模式

一、"硒+X"全产业链模式②③

硒是人体必需的微量元素，被誉为"抗氧化明星""抗癌之王""心脏守护神""护肝卫士"。恩施州95%的土壤含硒，53%的土壤富硒，粮食作物、

① 田勇. 关于落实武陵山片区区域发展规划　打好新一轮扶贫开发攻坚战的思考[N]. 铜仁日报, 2012-05-31.
② 此案例资料部分来源于笔者2019—2021年在恩施州调研时所获得的资料。
③ 湖北省发改委，湖北省地质局. 湖北省富硒产业发展规划（2021—2025年）[EB/OL]. (2022-10-10). http://www.xiaonan.gov.cn/c/xcxhyz/ghxx/264038.jhtml.

畜禽产品、中草药及山泉水中的硒含量是国内其他地区的十几倍至几十倍，在州内富硒土壤区种植的水稻、玉米、马铃薯等粮食作物，茶叶、烟叶、魔芋、道地药材等经济作物，以及由本地饲草养殖的生猪、牛羊、鸡鸭、鱼虾等动物产品均富含天然有机硒。恩施州还有北纬30°的宜人气候、良好的自然生态、鲜明的民族文化和灿烂的历史文明，是发展硒健康养生旅游业的绝佳境地。多重资源优势叠加，为恩施硒产业发展创造了得天独厚的条件。

2018年，恩施州硒产业总产值达555.9亿元，其中硒农业总产值302.8亿元，硒工业产值104亿元，硒服务业产值149.1亿元，硒产业的发展，支撑着全州经济的"半壁江山"。恩施州硒农业面积达856.73千公顷，硒粮食和硒蔬菜单项种植面积超过100千公顷，硒药材和硒茶叶都超过90千公顷，硒农业发展相较国内其他硒区，在农业产品种类、面积、行业覆盖面上都占据产业优势。

恩施州涉硒产业发展迅速，综合总产值从2016年381.91亿元增加到2021年719.48亿元，年均增速达13.5%。涉硒产业市场主体逐步壮大，2021年恩施从事硒产业的企业有3000余家，覆盖产品生产、加工、流通等各个领域。恩施州也依托硒产业发展六大平台，即检测平台、科研平台、交易平台、园区平台、咨询平台以及以硒博会为主的会展平台，为全州硒产业发展提供了良好保障。目前恩施州内"硒+X"多产业融合格局、全产业链发展模式正在形成(图5-1)。

在生产环节，恩施州提出要利用富硒土壤资源，发展富硒茶叶、粮油(含马铃薯)、蔬菜(含食用菌)、药材、水果、畜禽(蜂)等六大富硒产业链，建设标准化、数字化、智能化生产基地。在加工方面，专注精深加工食品及高端化产品，建成以富硒农副食品加工为主导产品，富硒功能食品、营养强化剂及医药产品为拳头产品，硒肥料、硒饲料、硒日化产品为补充的硒产品体系，建设富硒茶、富硒食品精深加工两大产业集群，壮大硒工业实力。在产业园区布局方面，进一步完善以恩施高新区为核心，以恩施、利川、建始、宣恩、巴东、来凤、鹤峰、咸丰8个工业园区形成产

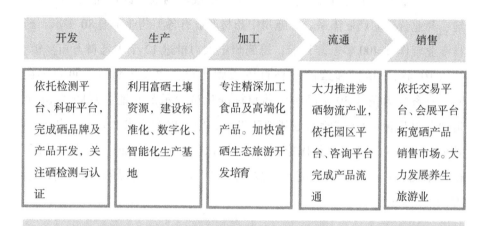

图 5-1 "硒+X"全产业链模式流程图

业环绕轴布局，协调有序推动各园区高质量发展。在第三产业融合方面，重点抓好"硒+养生旅游业"，开辟新的养生、休闲、体验等高品质旅游路线及相关旅游产品，做好旅游相关配套服务设施建设。同时积极发展涉硒文化会展业、涉硒商贸服务业、涉硒科技服务业、涉硒养生保健业和涉硒物流产业等新业态。充分发挥恩施州硒资源优势，吸引涉硒企业、人才、资金向恩施聚集。打造国家富硒产业创新创造中心、国际硒产品交易中心、硒科普宣传推广中心、龙头企业投资孵化中心、"硒+X"模式示范体验中心，使富硒产业成为恩施州特色产业增长极中最具极性效应的先导产业，带动城乡居民增收。

以富硒中药材为例，恩施州素有"华中药库"之称，有药用植物资源205科881属2258种，药用动物资源86种，药用矿物资源22种。其药用植物种类占《四川中药志》所收载种数的67%，比《本草纲目》记载的还多396种。中药材生产大多采用"公司+合作社+基地+农户"的模式，一般亩均净收入2000~4000元，个别品种效益达万元，比普通农作物增收一倍以上。农民种植积极性很高，种植区域进一步扩大，公司或经营单位也积极参与，基本形成了药材种植、医药化工、中成药制剂、饮片加工、医药保健、药业营销的产业体系。恩施州中药材产业有各类药业企业 80 多家，药材专业合作社 400 多家。目前，恩施州正大力推进 12 个中药材万亩乡镇、48 个中药材千亩村和紫油厚朴百里长廊建设，建设了黄连、贝母、白术、玄参、大黄等 30 个品种中药材标准化试验示范基地；开展了 14 个道地药材品种 GAP 试验示范基地建设，其中，巴东玄参基地、利川黄连基地、恩施黄连基地获得国家 GAP 基地认证；制定了 20 个道地药材种植技术规程和产品质量规范，已被湖北省质量技术监督局发布为省级地方标准（图 5-2）。

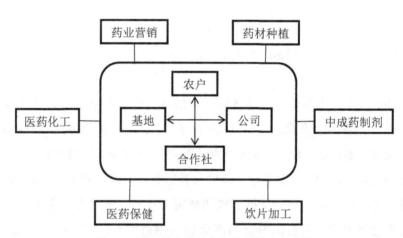

图 5-2　恩施州中药材产业发展模式流程图

　　下一步，恩施州将围绕建立硒产业世界经济总部的目标，以硒蛋白产业化为突破口，强化硒标准引领驱动、硒科技创新驱动，推进一、二、三产业融合，聚集硒品牌、硒检测与认证、硒会展与营销、硒文化创意与传播四大支柱的力量，打造"硒+X"全产业链模式，真正做到以特色产业发展带动农民增收。"十四五"时期，综合总产值预计可达 1000 亿元。

二、三茶统筹模式①②

2021 年 3 月 22 日，习近平总书记在武夷山市星村镇燕子窠生态茶园调研时指出：要统筹做好茶文化、茶产业、茶科技这篇大文章。茶产业在贫困山区脱贫攻坚工作中起到了支柱产业的作用，在乡村振兴中也将承担重要任务，通过茶文化引领茶产业、茶科技推动茶产业、茶文化和茶科技相互促进，完成"三茶统筹"，可真正带动百姓走上致富道路。

湖北省恩施州鹤峰县依托三茶统筹模式推进茶产业高质量发展，曾荣获"全国十大生态产茶县""全国茶业百强县""全国茶叶全域有机示范县"等称号。鹤峰县生态环境优美，境内峰峦叠翠、茶林共生、气候温润，在此孕育而生的"鹤峰茶"是集高山茶、林中茶、云雾茶、生态有机茶、土家富硒茶于一身的佳品。经检测，鹤峰绿茶水浸出物含量达 46.6%，游离氨基酸含量达 4.2%，具有"清甜香、醇鲜味"的独特品质。依托"鹤峰茶"，鹤峰县大力发展茶产业，同时挖掘本地茶文化、创新茶科技，形成三茶统筹的良好局面(图 5-3)。

在茶产业建设方面，鹤峰县以"百亿茶产业"为目标，自 2017 年起政府每年统筹安排 4000 万元以上资金用于茶产业发展。2019 年成立了鹤峰县茶产业发展促进中心，2021 年制定了茶叶全产业链建设规划。2021 年底形成了全域 90% 的村有茶、70% 的农户种茶、50% 以上的农民收入来源于

①　此案例资料部分来源于笔者 2022 年在鹤峰县调研时所获得的资料。

②　夏德术. 鹤峰与万里茶道[EB/OL]. (2021-04-30). https://www.hfweb.cn/xcyx/2226265.html；周江. 鹤峰县走马镇：茶产业链上党旗飘[EB/OL]. (2022-11-09). http://www.enshi.cn/2022/1109/1110104.shtml；鹤峰县委统战部. 鹤峰走马：茶旅融合变身绿色崛起[EB/OL]. (2022-09-30). http://www.estz.org.cn/jjll/202210/t20221010_1358419.shtml；鹤峰茶企加快技改促转型 助力茶农增收茶业增效[EB/OL]. (2022-11-08). https://www.hfweb.cn/jrhf/2526494.html；在服务和融入新发展格局上展现更大作为 奋力谱写全面建设社会主义现代化国家福建篇章[N]. 福建日报，2021-03-26.

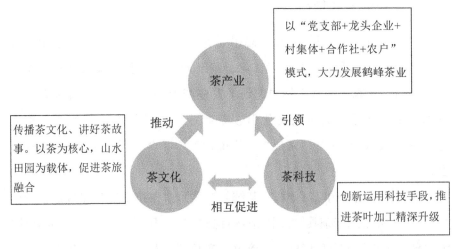

图 5-3 鹤峰县三茶统筹模式图

茶的良好局面。在运行模式方面，鹤峰县采用"党支部+龙头企业+村集体+合作社+农户"模式，以党支部为引领，龙头企业与村集体紧密联系，合作社负责组织农户生产，统筹管理茶基地，开展绿色有机茶认证和日常管护作业工作，上下合力，实现龙头企业、村集体、农户之间有机联动，增强企业社会责任感，增加农民收入。

在创新茶科技方面，鹤峰县通过扶持一批龙头企业、小型企业、产业合作组织，引导茶加工企业创新科技，积极引进新技术、新设备，使茶叶加工向精深加工不断升级，提高产业效益，提供就业岗位，促进农民增收。例如，湖北龙豪茶叶有限公司通过创新技术设备，加强人才培养，实现了企业的长足进步，并带领周边农户共同致富。龙豪公司通过自主投入和政府扶持，投入资金1.1亿元，新建标准化厂房2栋、精深加工生产线8条，为农户提供就业岗位160余个。项目建成投产后，不仅实现了茶叶加工的清洁化、标准化生产，还提升了产品质量，有效提高了公司的盈利能力。在人才培养方面，龙豪公司通过技术人员外聘、选派员工交流学习及以老带新等方式，加强公司茶叶技术人才培养。该公司曾专门聘请浙江中粮集团的技术人员为公司员工进行技术培训，也曾选派员工到湖南安化等茶叶生产区交流学习。截至 2022 年 10 月，龙豪公司共销售黑茶 1100 余吨，绿茶 3500 余吨，综合产值 1.1 亿元，出口创汇 1200 万美元，直接带动 400 余人就近就业，直接或间接带动 1.2 万余人发展茶叶，为域内茶农提供现金收入近 8000 万元。

在茶文化引领方面，依托本地生态特色、民族文化和茶产业发展历史，鹤峰县努力打造本土品牌特色并促进文旅融合。万里茶道鹤峰段是湖北省文物保护单位，也是该茶道上唯一的土司政治制度和社会形态遗存节点。2019 年 3 月，"万里茶道"被纳入世界文化遗产预备名单，其中鹤峰段南村遗产点是重点推荐点之一。鹤峰县也是中国宜红茶的原产地，保存在鹤峰县博物馆的"英商宝顺合茶庄""广东忠信昌红茶庄""渔关源泰红茶庄"等牌匾见证了"改土归流"前鹤峰县大量的茶叶贸易历史。容美土司时期有鹤峰茶"容美贡茗"，是宫廷贡品。明清时期鹤峰茶被誉为"皇后茶""高品""上品"，畅销俄国、欧美。

在文旅融合方面，鹤峰县以茶为核心、山水田园为载体，大力发展乡村旅游。以鹤峰县走马镇为例，其在旅游设施建设、路线规划、旅游宣传等方面都有突出表现。走马镇加强当地旅游基础设施建设，建成以"鑫农苑"为中心的旅游接待中心，同时着力打造"沁心居""归岫庄"等优质民宿，激活百姓"庭院经济"。依托全国最美 30 座茶园之一的木耳山生态茶园，打造"走马环游线"这一全国茶旅游精品路线，同时借助多种媒体宣传平台和举办茶商大会，提高其知名度。2023 年，"一带一路"国际茶叶贸易交流会暨第五届湖北(鹤峰)茶商大会在湖北鹤峰走马镇举办，来自国内外知名茶叶专家及国际化茶企、出口茶企等负责人 200 余人共襄盛会、共品茶香、共叙茶缘、共论茶道、共商茶事。目前，走马镇木耳山每年接待游客 10 万余人次，拉动区域内住宿、餐饮、商贸等产业的共同发展，直接增加域内农民收入。

三、特色农业综合发展模式①②

铁炉白族乡(以下简称"铁炉乡")地处湖北省恩施州鹤峰县西南角,与著名的湖南武陵源风景区山水相连。全乡辖区面积233平方公里,耕地面积1.3万亩,林地面积32.15万亩。全乡共辖12个村,总人口14689人。全乡白族、苗族、回族、土家族等少数民族人口占85%以上,其中白族人口占全乡总人口的32.7%。2006年9月8日,经湖北省人民政府批准,铁炉白族乡正式成立,成为全省唯一的白族乡。

铁炉白族乡交通便利,全乡公路、水路纵横交错,是湘鄂两省四县七乡镇各族人民政治、经济、文化交往的交通要道和重要交流窗口,同时又因为矿产资源和水资源丰富,被誉为大自然的"聚宝盆"和远近闻名的"白族水乡"。依托良好的生态环境,铁炉白族乡大力发展多种产业,积极打造茶叶之乡、水果之乡和山货之乡。

茶叶之乡。铁炉乡茶园面积达2.19万亩,其中采摘面积2万亩,涵盖绿茶、红茶、野茶、黑茶、油茶等多个品种。铁炉乡率先开展"全域有机"创建,有机茶在种植、生产、包装、运输的全过程无任何化学污染,培管过程不施加任何农药和化肥。发展有机茶,不仅有效降低了环境污染,更使得茶叶的售卖单价显著提升,农户茶叶收入由原来每亩不到2000元增加到5000元。铁炉乡依托有机茶,走出了一条绿色发展、富民强乡之路。全乡目前共有从事茶产业的规模以上企业3家,专业合作社61家,茶叶年产量7403吨,其中名优茶产量3吨,总销售量6700吨,年产值1.18亿元。细杉、犀牛、铁炉、马家等村的茶园均具有规模化种植条件,所产茶叶原生态、高品质、无污染,兼具"富硒"与"有机"两大特点,畅销国内外市场。

---

① 此案例资料部分来源于笔者2022年在铁炉白族乡调研时所获得的资料。
② 鹤峰县人民政府. 铁炉白族乡介绍 [EB/OL]. (2023-01-10). http://www.hefeng.gov.cn/zjhf/xzqh/202112/t20211223_1224484.shtml;廖原,洪叶. 民族团结绘就铁炉画卷[N]. 恩施日报,2022-01-07.

水果之乡。铁炉乡地处低海拔地区，地区特有的平均气温高、降雨量充足、日照时间长等自然条件，给水果提供了良好的生长环境。铁炉乡坐拥 5748 亩优质无公害水果基地，主产水果以椪柑为主，铁炉椪柑具有果大、无核、汁多、味甜的特点，深受湘鄂周边广大群众喜爱，远销至长沙、武汉等地，"碉堡牌"椪柑年年供不应求，全乡椪柑年产量近 5000 吨，产值超过 2000 万元。铁炉乡除了椪柑外另有丑柑、玉环柚、杨梅、雪桃、枇杷、李子、木瓜、芭蕉等季节性水果，年产鲜果 5528.8 吨。铁炉乡的水果营养丰富、鲜美可口，畅销全国各地。同时铁炉乡从产业多样性、产业链建设及多产业融合发力入手，丰富水果种类，提高水果质量，并突出打造特色鲜明的"水果小镇"，再利用电子商务平台，大力推广助农直播、线上推广等新型电商模式，有效拓展了水果的销售渠道。

山货之乡。铁炉乡地势起伏大、气候类型多样，各种药材基地遍地开花，全乡共有 3 处中药材种植基地，品种涵盖贝母、白芨、杜仲等数十种中药材，箬叶生长面积 2.3 万余亩，可采摘面积达 1.8 万亩以上，蜂蜜、香椿、箬叶、楠竹、生漆、棕片、五倍子等山货逐年发展，成为当地农民的"绿色银行"。

铁炉乡现有 3 家规模以上企业，其中细杉村的红辉公司、马家村的三农公司主要从事有机茶生产加工，有各自的产业基地，集种植、采收、加工、销售于一体，年产值五千万元以上。千户村的惠泰丰公司，除生产销售有机茶以外，还收购销售椪柑、柚子等水果产品，出产葛粉、蜂蜜等绿色山货，走多产业融合发展之路。除此之外，全乡还有 60 余家茶叶专业合作社从事有机茶产业经营，硒农汇农业专业合作社所经营的丑柑发展迅速，三年内已发展近 2000 亩丑柑基地，另有数十家粗具规模的水果专业合作社，经营椪柑、雪梨、血桃、甜柿、李子等特色水果。铁炉乡充分发挥本地水果资源优势，建立以柑橘为主导、多果品发力的产业发展格局，同时利用田园风光、乡村建筑等自然景观，大力培育休闲采摘、种植体验等新业态(图 5-4)。

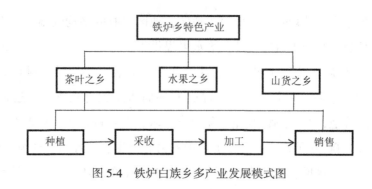

图 5-4　铁炉白族乡多产业发展模式图

四、"旅游+N"融合发展模式①②

五峰土家族自治县（以下简称"五峰县"）地处鄂西南，辖区面积 2372 平方公里，辖 5 镇 3 乡，截至 2021 年末，全县户籍总人口 19.33 万人。五峰县全境皆山，最高海拔 2320 米，平均海拔 1100 米。五峰县是少数民族聚居地区，又是革命老区，是湘鄂西革命根据地的重要组成部分，1979 年被首批确定为全国革命老区县。

五峰县旅游工作始终坚持"生态立县，旅游富县"战略，坚持以发展全域旅游为抓手，综合运用"旅游+N"融合发展模式，将发展旅游与扶贫减困紧密结合，变生态优势为经济优势。截至 2018 年底，全县全年接待游客 350.3 万人次，实现旅游综合收入 32.1 亿元，且保持稳定增长态势。

一是旅游+农业。白溢寨、栗子坪、月山、沙淌、大栗树、南河等地乡村旅游景区建设粗具雏形，各类农事体验及节庆活动不断涌现，白岩坪村、栗子坪村获评"湖北省旅游名村"称号，栗子坪村、腰牌村入选第二批

---

① 此案例资料部分来源于笔者 2019 年在五峰土家族自治县调研时所获得的资料。

② 五峰县人民政府. 基本县情［EB/OL］.（2022-08-17）. http://www.hbwf.gov.cn/content-32-475571-1.html；张远刚，郑璐. 五峰加快旅游产业升级 推进全域旅游发展［N］. 三峡日报，2018-01-19；胡新，蔡大群，胡庆芳，杨钊霞. 绿水青山就是金山银山的五峰实践［J］. 党政干部论坛，2020-03-05.

"中国少数民族特色村寨"。五峰县积极支持农家乐、民宿等乡村旅游主体发展，截至 2018 年底，全县有农家乐 685 余户，民宿 200 余家，拥有五星级农家乐 2 家，四星级 5 家；全力打造农产品质量安全高地，推进旅游与扶贫攻坚、农村交通、电子商务、"智慧五峰"深入融合；指导推动兴农蔬菜、蓝莓采摘园、猕猴桃园、橘柚采摘园建设成为休闲农业示范园区，湖北采花茶业科技园先后多次获评湖北省休闲农业示范点。

二是旅游+体育。目前全县体育旅游项目开发和旅游赛事活动举办氛围浓厚，独岭滑雪场、牛庄高山艇训练基地、湾潭休闲体育特色小镇、青岗岭茶文化主题田园综合体等均获得实质性进展。五峰国际滑雪场于 2018 年 12 月投入运营。五峰县成功举办了河道越野车挑战赛、2017 宜红古茶道五峰半程马拉松、橘柚采摘节等系列节庆活动。2018 年，又成功举办了"第十一届中国露营旅游论坛"暨首届五峰自驾游避暑露营节活动和环中国自驾游集结赛（五峰站）活动，体育旅游产品日益丰富。2023 年 4 月，湖北省第十届少数民族传统体育运动会也在此举办。

三是旅游+交通。五峰县按照"四化一配套"标准建设了生态景观廊道，廊道全长 150 余公里，横贯五峰东西，成为宜昌生态廊道建设标杆，一期工程顺利完成，二期工程已全面启动；苏家河月亮湾露营地成为全县营地旅游体系中的亮点之作，在旅游旺季"一房难求"。

四是旅游+工业。五峰县大力发展茶旅产业，已完成湖北茶博馆落户湖北采花茶业科技园，"万里古茶道"申遗工作有效推进，"五峰精致茶厂"入选第三批中国 20 世纪建筑遗产等项目；湖北西南茶叶市场建设项目已建成并投入运营；中国茶业大会及世界茶业大会于 2017 年 9 月在五峰县举办。2018 年，五峰县积极参与中国茶旅大会、茶叶国际采购商大会等高规格茶旅融合会议和行业交流活动；扶持特色旅游商品研发、生产和销售，成功创建全省"后备箱工程"示范基地五峰民贸电商创业园，推动湖北采花茶业科技园创建四星级工业旅游景区。

五是旅游+文化。五峰县积极开发红色旅游产品，修复渔洋关苏维埃旧址，推出红色渔小爱国主义教育基地、罗官章党性教育中心等红色旅游项目。在廊道建设、景区打造、对外宣传中，积极融入土家元素。五峰县结合土家文化，成功打造《我在茶乡等你来》《高山之巅》等舞台剧，利用非物质文化遗产、红色旅游、民俗文化和茶文化等资源，开发五峰研学旅行精品旅游线路，柴埠溪大峡谷风景区成为首批"宜昌市中小学研学基地"之一(图 5-5)。

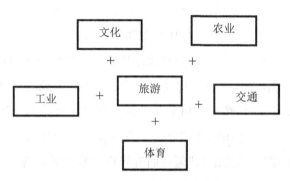

图 5-5 五峰"旅游+N"融合发展经验模式图

第二节 公共财政聚焦重点人群促就业稳增收的经验模式

一、重点人群促就业稳增收模式①②

就业是最大的民生。近年来，恩施州把握新时代就业创业工作新特点和广大人民群众对就业创业工作的需求和期待，凝心聚力，主动作为，聚焦重点人群，全面落实就业优先政策，狠抓就业扶贫和东西部劳务协作，助力脱贫攻坚。

---

① 此案例资料部分来源于笔者 2019—2020 年在恩施州调研时所获得的资料。

② 湖北省人民政府. 关于做好当前和今后一个时期促进就业工作的实施意见[R]. 湖北省人民政府公报，2019-01-16；杨亚玲. 让就业扶贫成为脱贫新动能[N]. 恩施日报，2019-04-23；湖北出台促进就业工作实施意见 帮扶重点群体就业[EB/OL].
(2019-01-02). http://www.jmnews.cn/news/2019/01/256187.shtml.

抓好以高校毕业生为重点的青年就业工作。实施"我选湖北·绿色恩施梦"行动，积极做好大学生创业项目推介和相关赛事的组织举办，落实大学生一次性求职补贴、一次性创业补贴等相关优惠政策，促进大学生扎根恩施就业创业。截至 2019 年，组织招录应届初中毕业生 375 名到杭州第一技师学院和杭州轻工技师学院学习深造。恩施州已建立就业见习基地 70 个，可容纳 2 万余名大学生参加实习实训和就业见习，基地规模位居湖北省前列。

积极促进农民工返乡创业就业。恩施州通过开展农民工等人员返乡创业情况的调查活动，了解农民工等人员的创业和生活情况，根据农民工返乡创业需求提供创业培训补贴、创业担保贷款、"草根创业"项目扶持资金等各种创业优惠政策。

扎实开展脱贫人员"七路"增收扶贫。一是在监测帮扶方面，恩施州对符合防贫监测条件及达到风险消除条件的防贫监测对象做到应纳尽纳、应扶尽扶、应帮尽帮，应消尽消，同时对因灾、突发大病、突发事故等防贫监测对象加强临时性救助。二是在科技推广方面，恩施州通过科技培训、示范基地建设、带头人引领等方式，实现脱贫村"应培尽培"全覆盖，强化科技在促进脱贫人口增收方面的作用。三是在特色产业方面，通过产、供、销农业一体化建设，推广"龙头企业+合作社+脱贫户"模式，健全农民增收机制，分享产业增值收益。四是在稳岗就业方面，通过扶持就业扶贫车间、"就业扶贫合作社"，吸纳建档立卡脱贫劳动力就业；通过东西部劳务协作，在杭州市建立"1+8"劳务协作工作站，帮助恩施籍建档立卡贫困人员到浙江省就业；开展家政服务劳务对接，打造劳务品牌；开展"定单式"职业技能培训，打造"恩施月嫂""恩施厨娘"等劳务品牌。五是在民生促进方面，针对低保人员、困难学生、大病人员和重度残疾人员均给予相应的政策保障。六是在以工代赈方面，提高脱贫人口工资性收入，并持续调动脱贫人口参与项目实施的积极性。七是在盘活扶贫项目资产方面，积极探索扶贫项目资产管理新模式，确保扶贫资产底数清、情况明、能盘活、有效益，更好地惠及脱贫群众(图 5-6)。

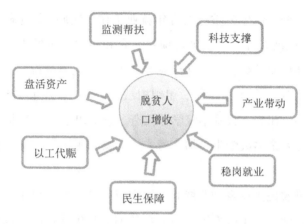

图 5-6　脱贫人口"七路"增收模式图

　　强化对困难群体及其他特殊群体就业援助措施。在做好"九类人员"帮扶的同时，恩施州强化对就业困难人员、零就业家庭成员、残疾人、退役军人等重点群体的就业援助措施。符合政府安排工作条件的退役士兵全部安置到公益类事业单位和中央、省属国有企业，岗位安置率达到 100%；对吸纳就业困难人员就业的企业，恩施州落实税收减免、贷款贴息、社保补贴、资金补助等政策；对符合条件的失业人员，及时发放失业保险金，帮助困难人员解困脱困（图 5-7）。

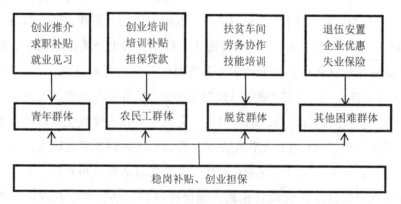

图 5-7　恩施州重点人群稳就业模式图

恩施州聚焦重点人群，运用多种途径稳就业促增长取得良好效果。截至 2019 年 12 月，恩施州城镇新增就业人员 44257 人，实现城镇失业人员再就业 8107 人、就业困难人员再就业 4350 人，开展补贴性职业技能培训 55341 人，扶持创业 3999 人，带动就业 10046 人，通过劳务协作实现就业 1139 人，通过公益性岗位新增安置就业 2889 人。城镇失业登记率为 1.94%，控制在 4.1% 以内。

二、"三业三网"巩固脱贫模式①

唐家铺村位于湖北省恩施州鹤峰县容美镇，四季分明，物产丰富，人杰地灵，主要农产品有西瓜、哈密瓜、香菜、韭菜、山莓、乌饭果、番茄、土豆等。唐家铺村作为恩施州乡村振兴重点村，努力实现脱贫攻坚与乡村振兴的有效衔接，在具体实施方面，唐家铺村聚力"三业三网"，聚焦巩固成果，奋力打好脱贫攻坚巩固战。

在聚力"三业"方面，一是强产业。唐家铺村结合秋冬季农业综合开发，由财政资金补贴、村民自筹资金，组织村民科学种植高品质土豆品种马尔科，引进市场主体和科研单位，解决市场销售和种植技术问题。同时，依托该村紧邻高速出口和离城近的区位优势，持续推进乡村旅游示范点建设。此外，强化耕地保护红线意识，巩固蔬菜、水果等传统种植面积，与学校、单位食堂、菜市场摊贩等需求量较大的单位和个人明确合作关系，促进农民增收。二是稳就业。为化解疫情带来的不利影响，解决群众外出务工难题，唐家铺村逐户摸清务工需求，及时发布就业信息，做好外出务工人岗对接、疫苗接种等工作，2021 年，全村共有外出务工人员 239 人；在村内设立公益岗位 13 个，均安排给有履职能力的贫困户；苗木公司聘请本村农户参与基地种植管理，实现农民就业 20 人；协调高速公路建设施工方优先聘用本村村民在工地就业，全年约 2000 人次在工地就业，

---

①　此案例资料来源于笔者 2022 年在湖北省恩施州鹤峰县容美镇唐家铺村调研时所获得的资料。

实现工资收入 100 多万元。三是促创业。牢牢把握产业发展机遇，鼓励村民开办民宿、农家乐等，培养和壮大特色产业市场主体，拓展特色产业利益链接宽度。

"三网"指的是边缘易致贫户监测网、脱贫不稳定户监测网、突发严重困难户返贫监测网。唐家铺村织密"三网"工作，深入开展脱贫攻坚后评估工作，对照建档立卡信息和因病因灾等影响脱贫质量的因素，逐户逐项全面排查解决"两不愁、三保障"、"三落实"及饮水安全方面的突出问题，对边缘易致贫户、脱贫不稳定户、突发严重困难户进行再梳理。截至 2020 年 12 月，全村摸排出"三类人员"3 户 8 人，按照"一家单位+一名尖刀班成员"的方式，落实专班结对帮扶责任和帮扶措施；扎实推进义务教育控辍保学，认真执行医疗保障政策，统筹各类保障措施，做好政策性保障兜底，实现应保尽保；认真落实困难残疾人生活补贴和重度残疾人护理补贴政策，组织州级民主党派和村医开展送医送药下乡活动(图 5-8)。

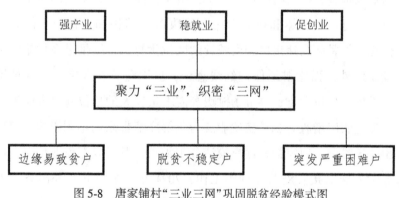

图 5-8　唐家铺村"三业三网"巩固脱贫经验模式图

此外，唐家铺村积极推进基础设施建设，完善公共服务，以"走康庄路、喝安全水、住宜居房、用稳压电、通小康信、建和美村"为目标，完善基础设施建设，为村民提供各种优质的基本公共服务。

三、高山移民模式①②

中元村位于重庆市黔江区石会镇东南部，距镇政府所在地 8 公里，辖区面积 11.6 平方公里，全村 7 个村民小组中有 4 个位于海拔 800 米以上的高寒山区，且不通公路。2005 年，中元村被列入市级贫困村时，村里只有一条不足 4 公里的村道公路，村民出入不便，农副产品运输难。全村以农业生产为主，无任何骨干产业，人均年纯收入仅为 1445 元。2006 年开始至 2011 年，作为市级贫困村被纳入整村脱贫推进后，2007 年中元村开始对居住在高寒边远山区的中元 4、5、6 组部分村民逐步实施生态搬迁，共计搬迁 74 户，惠及 328 人。2011 年至今，在一期生态搬迁的基础上，中元村开始实施二期高山生态移民易地扶贫搬迁，已安置 44 户，惠及 200 多人。2012 年中元村农民人均纯收入 7782 元，高于全区平均水平。2013 年在兜底政策推动下，贫困户也得到移民安置，全村基本完成整体搬迁工作。中元村高山移民进度见表 5-1。

表 5-1　中元村高山移民项目实施进度及成效

年份	项目进度	成　效
2006	扶贫搬迁资金 1 万元/户 共投入 40 万元/户	搬下来 28 户
2007	在以往补偿基础上，交委为基建筹集资金	搬下来 100 多户
2010	兜底政策安置 3 至 4 户	中远村整村脱贫
2011	二期移民搬迁	搬下来 44 户
2013	兜底政策：区领导 1 人兜底 1 户，32 人编制以下部门兜底 1 户，32 人编制以上部门兜底 2 户	初步完成整体搬迁工作

资料来源：笔者根据 2013 年对中元村村主任调研所得。

---

① 此案例资料部分来源于课题组 2013 年在重庆市黔江区石会镇中元村调研时所获得的资料。

② 葛琦．黔江：易地搬迁搬出新风景［EB/OL］．（2022-06-07）．http://nyncw.cq. gov.cn/zwxx_161/qxlb/202206/t20220607_10782700_wap.html.

　　为了使高山居民能够实现集中安置，政府整合各类投入资金 1000 余万元，全额出资改善小区建房用地、建设公益设施(健身场所、图书室、小区绿化)。根据图 5-9，由黔江区区领导负责，发改委和扶贫办两部门牵头，扶贫办委托私人公司进行移民区规划设计。在规划指导下，发改委和扶贫办落实移民搬迁工作、交通委负责道路修建、水务局负责饮水工程修建、电力公司负责电网搭建、国土局负责土地分配和征地补偿、建委负责房屋规划修建。在各部门协作之下，新建房屋 80 幢，户均占地 120 平方米；新建和完善村道 45 公里，确保 5 户以上大院的院落入户道路通畅；村卫生室实现标准化建设；新修了村民广场，配置了篮球架、乒乓球台、健身器材等设施，完善了图书阅览室、远程电教室、棋牌室；开展土家摆手舞、坝坝舞等活动。同时村里还整合资源，对全村劳动力进行登记造册，由村委统一调度，尽可能安排在本村上班，较好解决了本村劳动力就近务工问题。为了使搬迁农户生活生产更加便利，政府加大资金投入力度，硬化中元村主干道 15 公里，院落入户便道及生产路硬化 4 万米，覆盖面达 50%。

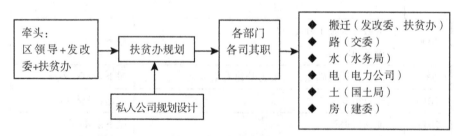

图 5-9　中元村高山移民部门协同及资金整合流程

　　为了让搬迁农户增收致富，2013 年前后中元村重点引导培植了五大产业：一是村委统一规划，搬迁户每户平均流转土地 0.5 亩，建成桑园 1445 亩，2012 年实现产茧 424 担；二是引进某农业开发公司建银耳厂，年产银耳 100 吨；三是引进忠国福蛋鸡养殖场 1 个，带动辖区蛋鸡养殖户 200 户；四是培植药材基地 2000 亩，全村户平 3 亩以上；五是大力发展乡村旅游，新建 QQ 欢乐农场 200 亩，钓鱼池 2500 平方米，新建羽人山登山步道 2000 米，建成以安置小区为中心，融文化、民俗、休闲观光旅游、餐饮、住宿、娱乐于一体的休闲文化旅游区。同时鼓励中青年外出务工，并对老弱群体办理社保、低保。

2014 年之后，黔江区继续完善中元村易地扶贫搬迁安置点的水、电、路、健身场所等基础设施建设。同时，中元村强力推进村级集体经济改革，将高山土地流转到村集体统一规划、统一管理，实现"资源变股权，资金变股金，农民变股民"，发展蚕桑、花椒、桃树、草莓等集体经济 2100 亩，每年向村民保底支付土地流转费 28.5 万元，劳务费 40 万~50 万元。同时，优化产业结构，发展乡村旅游业，让农民吃上旅游饭。建成了羽人谷生态农庄、武陵苑星级农家乐、草莓西瓜园、斑鸠豆腐基地等。2014 年中元村被命名为"全国少数民族特色村寨"，2017 年 11 月获评全国文明村镇。2021 年中元村获评重庆市第三批美丽宜居乡村，村民人均可支配收入达 18400 元，高于黔江区 15670 元和重庆市 18100 元的平均水平。

第三节　公共财政支持治理创新促增收的经验模式

一、跨行政区划经济协作模式①

(一)战略目标和重点

龙山、来凤两县共处湘、鄂、渝三省市接合处，是全国县城间毗邻最近的两个县，素有"一脚踏三省"之称。两县历来交往频繁，经贸人文交流与合作活跃。2011 年在国家大力开发建设武陵山经济协作区的机遇下，湖南省龙山县和湖北省来凤县共同规划建设龙凤经济协作示范区。该示范区

_____

① 此案例资料来源于课题组 2014 年在湖北省来凤县和湖南省龙山县调研时所获得的资料。

立足武陵山区、服务湘鄂渝黔、沟通中西，以"先行先试促开放、以合作促开发"原则，努力建成武陵山经济协作区重要中心城市之一、物流基地、加工制造基地、民俗文化特色旅游胜地、区域统筹城乡发展示范区，成为带动、支撑武陵山经济协作区发展的新的增长极。龙凤经济协作示范区发展的战略重点是：(1)优化国土开发，打造整体协调、生态友好的跨行政区划空间布局结构。(2)完善产业布局，发展高起点、高水平的新型工业和现代服务业。(3)提升中西通道能力，形成高等级公路网、铁路网和航空网纵横的现代综合交通网络。(4)大力发展社会事业，加强基本公共服务体系建设。(5)建立统一、开放、竞争有序的现代市场体系。

(二)产业空间布局

协作示范区依托自然资源优势和现有产业基础，按照"产业集聚、布局集中、资源集约"的原则，引导生产要素的合理流动和聚集，形成"一带两心三片区"的经济发展总体格局，发挥集约优势，提高规模效益，促进一、二、三产业协调发展。

一带：培育一条生态旅游带。北起仙佛寺，南到乌龙山，以酉水河为纽带，以酉水河及附近自然、人文景观为载体，形成一条生态旅游带。围绕酉水河，以生态建设为重点，建设生态屏障，并着重发展历史文化游、佛教文化游、峡谷观光游、民俗文化休闲游等旅游服务业。

两心：强化两个中心——龙凤产业中心与里耶旅游中心。"龙凤产业中心"是指以两个县城为主体，龙山重点向西北发展，来凤重点向东南发展，使两个县城融合形成一个新城，在新城西南部以两县原有工业为基础建设龙凤工业园区，着重发展新材料、特色农产品加工和生物医药等优势产业，重点打造新材料产业集群和特色农产品加工产业集群，增强辐射能力。"里耶旅游中心"是指以里耶古镇为依托，主要发展旅游业及旅游服务业，将其打造成为龙凤经济协作示范区的综合旅游服务中心，辐射周边乡镇，带动龙凤经济协作示范区旅游业发展。

三片区：依托资源和产业特色，形成北部特色农产品生产区、中部新能源及工业原料生产区和南部生态旅游及旅游商品加工区等三大经济片区。(1)北部片区:以209国道经过乡镇及其以北地区为主体,依托现有农产品种植基地,着重发展百合、道地等药材种植业和家禽养殖业。(2)中部片区:北到209国道,南至漫水、火岩、干溪等乡镇,以胡家坪林场为依托,四合工业园区为载体,大力发展生物质能源;以原有产业为基础,以召市镇、辽叶乡、瓦房乡等乡镇为主体,大力推广烤烟种植。(3)南部片区:北起百福司、老兴、贾坝、孟西、洗车河等乡镇,南至里耶,以里耶、百福司、八面山、洗车河为重点,大力发展历史文化游、民俗文化游、生态景观游及旅游商品生产销售服务业等。

(三)政府行动

加强两县联合组织领导,明确责任分工,成立"龙凤经济协作示范区产业协调发展、产业发展规划、产业政策制定实施保障领导小组",研究制定产业协调、产业发展相关政策,协调解决产业发展中遇到的重大问题;成立龙凤经济协作示范区工作领导小组,由两县县委书记任第一组长,县长任组长,两县宣传部长、统战部长、国家民委联络员和分管副县长等任副组长,相关单位负责人为成员。领导小组下设办公室,由两县民宗局(民族局)负责人任办公室主任,负责创建活动的日常工作。

第一,建立龙凤示范区协调发展联席会议制度。定期召开龙凤示范区协调发展联席会议,按一定周期交换两县经济运行意见。例如,每半年召开一次两县共同参与的金融联席会议,由各县人民银行轮流牵头,在企业投资、百姓消费、物价水平、银行利率、企业效益等社会普遍关注的经济热点问题上展开联合调研;建立龙凤示范区政府主导下的金融生态环境建设沟通协调机制。

第二,建立龙凤示范区部门联动机制。打破行业壁垒,将涉及扶贫工作的发改局、财政局、农业局、扶贫办、统计局、建委、林业局、民政局、人保局等部门联合起来,建立龙凤示范区部门联动机制;定期召开两县部门工作会议,就共同开发的项目、共同需要解决的问题进行磋商;建立利益共享机制, 并将其纳入部门考核之中(图 5-10)。

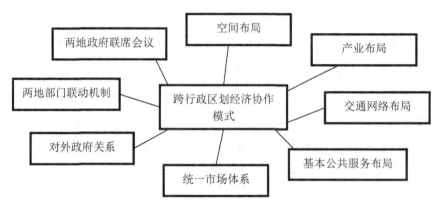

图 5-10　龙凤示范区跨行政区划经济协作模式图

第三, 协调龙凤示范区与武陵山片区其他县(市区)政府关系。武陵山经济协作区各县市在发展过程中既存在合作关系又存在竞争关系, 依据《武陵山片区区域发展与扶贫规划(2011—2020 年)》, 各工作小组切实理顺武陵山经济协作区各县市之间的财税利益关系, 建立适应现代经济发展形势的利益分配机制, 制定各县市之间合作办区、税源转移和招商引资项目跨市落户的利益分配制度, 避免因地区利益影响企业及各类经济要素的自由流动和资源的优化配置。

第四, 设置龙凤示范区财政专项资金。2012 年至今, 为支持龙凤示范区发展, 恩施州州级财政每年安排专项补助 200 万元。2021 年 9 月, 湘鄂赣三省成立推进长江中游三省协同发展联合办公室(简称"三省办"), 将"加快推进武陵山龙凤经济协作区建设"事项纳入了《长江中游三省协同推动高质量发展行动计划》。2022 年 2 月, 恩施州推进区域发展布局实施工作领导小组办公室下发了《关于分解省支持龙凤经济协作示范区建设相关任务的函》, 形成任务分解表, 明确责任单位和内容, 推动提请事项的落实落地。2022 年, "三省办"同意龙凤示范区编制新一轮规划, 省发改委首次设立区域协作专项资金支持龙凤经济协作示范区建设, 2022 年首批 300

万元支持资金已下达。

（四）建设效果

一是区域经济快速发展。2021年，来凤县地区生产总值达95.5亿元，是2011年的2.8倍。两县规划共建30平方公里"龙凤百亿产业园"初见规模，旅游业快速发展，里耶古城、乌龙山和仙佛寺等景区名扬全国，仙佛寺、杨梅古寨成功创建4A景区，"千年秦城、艺术土家"旅游品牌全面打响。

二是区域面貌焕然一新。恩施经龙凤至湖南吉首高速公路于2015年10月全线通车，黔张常铁路（龙凤段）于2019年正式开通。两县老城区建设全面提质，"龙凤呈祥"城市文化品牌初显成效，龙凤新区湘鄂情大桥建成通车，龙凤体育中心、龙凤文化广场、岳麓大道提质改造，龙凤科教示范园、龙凤建材城、龙凤边区中心医院等30多个市政、民生重点项目建成。

三是协作创新成效显著。两县按照"一水双城、十个一体化"思路，共绘跨省一体化发展蓝图，联合编制龙凤示范区发展战略规划、城市空间布局规划和旅游发展规划及城镇建设、基础设施、产业发展等专项规划，共同推进了一批涉及基础设施、产业发展、民生保障的重大项目建设。经过几年共同努力，50平方公里的中等城市建设框架粗具雏形，龙凤公交实现"四个统一"，龙凤通信实现"通信同城"，龙凤金融实现"同城支付"，龙凤流域实现"一体保护"，龙凤政务实现"跨省通办"。

二、数"智"赋能模式①

铜仁市地处黔湘渝三省市接合部，素有"黔东门户"之称，总面积

① 铜仁日报社采访调研组.铜仁：数字化建设激活乡村振兴新动能——铜仁市数字技术助力乡村振兴调查报告[EB/OL].（2022-12-20）.http://www.trs.gov.cn/xwzx/trsyw/202212/t20221221_77693389.html；李紫英，田艳琴.逐浪"数字蓝海"[N].铜仁日报，2022-12-14；王欢，宗德婵，罗晓娜.让"联通智慧"绽放在乡野田间[N].人民邮电，2022-08-09.

18003 平方千米，总人口 449.30 万，辖 2 区 8 县、9 个省级经济开发区、1
个省级高新技术产业开发区。2022 年，铜仁市连续颁布《关于深入实施产
业强市工程 大力推进六大主导产业发展的意见》《2022 年大力实施"万企融
合"大赋能行动工作方案》等多个文件，明确提出大力推进铜仁市大数据产
业创新发展，加快建设省级平台经济创新发展示范区、数据治理及创新应
用示范市。

(一)智慧农业促增收模式

铜仁市通过"农业+大数据+物联网"，打造智慧农业体系，提高农业生
产数字化、精准化和智能化水平，同时加快建设农业数字基础设施，打造
农业产业互联网，加强冷链物流体系建设，实现县域冷库和坝区物流全覆
盖。截至 2022 年 12 月，铜仁市培育出大数据企业 370 家，建成应用基地
307 个。此外，铜仁市培育了三个大数据与农业融合标杆项目，分别是松
桃苗族自治县数字化蛋鸡养殖示范基地、碧江区智慧大数据综合服务平
台、思南县鹦鹉溪镇 5G 智慧茶园应用示范项目等。以思南县鹦鹉溪镇翟
家坝村茶园为例，在贵州联通的支持下，翟家坝村成功打造了可视化数字
乡村管理平台，并上线土壤墒情监测、智能虫情测报、茶产品溯源等功
能，帮助茶农实时监控茶叶的生长环境数据，并将获取的各项数据进行融
合、处理，上传云平台，建立茶叶产品溯源体系，实现产前、产中、产后
的全过程监控和全流程科学管理。仅 2022 年第一季度，翟家坝村就累计采
收茶叶 1 万余公斤，实现产值 110 万元。

铜仁市积极利用智慧农业体系，动态监测采集农产品供应信息，进行
监测预警和安全追溯，提升农产品质量和生产效率。以万山区高楼坪乡高
丰农业基地为例，2021 年该基地首次引进羊肚菌种植，并引进了智慧农业
管控系统。该系统可以通过手机、电脑等进入云平台，实时监测基地的气
温、湿度、土壤肥力，系统还会针对监测到的数据进行分析，并为农作物
给出养护建议。

（二）电子商务促增收模式

随着 5G 等信息通信技术的发展以及快手、抖音等平台的兴起，电商直播成为提振经济、拉动消费的新增长点。为进一步拓展销售渠道，铜仁市培育孵化了一批"能说会道"的本地网红达人和一批懂网络、会直播、擅销售的"新农人"。这些电商主播依托铜仁市淳朴的乡村乡貌，通过短视频和直播记录乡音、乡景、乡味、乡愁，也完成了对铜仁市旅游产业和农产品的推介。截至目前，铜仁市登记注册并纳入管理的自媒体账号中，粉丝关注量 1000 万以上的账号 2 个，100 万以上的账号 16 个，10 万以上的账号 40 个，1 万以上的账号 93 个。这些自媒体账号涉及文化旅游、乡愁美食、正能量关怀等多个领域。电商直播帮助铜仁市构建了电商赋能农业新生态，同时推动各产业深度融合发展，促进农民增收。

（三）大数据平台保民生模式

在数字化建设中，常会因为数字化分散而造成较大的运维压力和运维成本，为节约建设资金，铜仁市出台了统一的数据和应用标准，按照"一云"汇聚、"一网"融合、"一台"支撑来集成应用驱动。例如"云·羊宝"智慧畜牧大数据云平台，覆盖了沿河土家族自治县 22 个乡镇（街道），覆盖贫困户 300 户；人和物联"大数据精准就业服务平台"覆盖全市，将企业数据、服务机构数据、人力资源数据库进行关联集成，把工作岗位直接送到群众手中；学生安全营养餐桌暨校农对接应用平台覆盖各校园，形成了"学校+配送企业+生产基地+贫困户"的校农结合模式；铜仁·贵安数据运营中心则完成了 57 个应用系统的部署迁云工作，电子政务"一张网"村级覆盖率达 100%。铜仁市围绕交通、住建、医疗、教育、农业、城市等相继推出"大数据+"社会服务功能，提高了民生保障能力（图 5-11）。

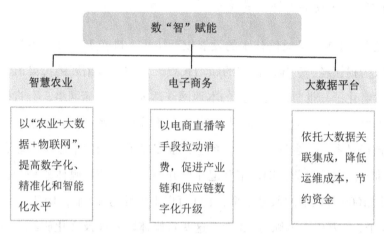

图 5-11　铜仁市数"智"赋能模式图

三、财政涉农资金整合模式①

现代财政制度包括税收、预算与财政分权三大体系，国家级脱贫县财政涉农资金整合涉及后两者的改革创新。从预算角度来看，县级政府将来自中央、省、市(州)等部门的各级财政涉农资金按照"大类间统筹、打通使用"原则进行整合，集中投向贫困乡镇、贫困村和贫困人口，解决扶贫开发中的资金缺口问题；从分权角度来看，财政涉农资金整合体现了中央、省、市(州)、县级政府部门在扶贫开发这一重大问题上的权力调整，按照"条块结合、以块为主"原则强调财政涉农资金的属地管理，解决脱贫县主体定位问题。课题组于 2016 年对湖北武陵山区的某个国家级贫困县 A 县进行机构访谈，希冀寻找促进贫困县涉农资金整合的有益经验。

(一)资金整合现状

湖北省精准脱贫目标任务为：到 2019 年，实现全省 590 万贫困人口和

①　此部分内容发表于《中国行政管理》2017 年第 9 期上。

4821 个贫困村全部脱贫、37 个脱贫县整县脱贫。湖北省西部的 A 县是国家级脱贫县，现辖 6 镇 2 乡，192 个行政村。2015 年之前有国家重点贫困村 46 个，贫困农户 21895 户，贫困人口 76841 人，贫困发生率 29.2%，2018 年该县实现脱贫摘帽。

2016 年 A 县计划整合财政涉农资金 49675 万元，用于 10 多类项目中，具体详见表 5-2。根据湖北省资金整合文件，县级可统筹使用的资金范围包括中央、省、市(州)、县级到村到户到人的所有财政性资金。包括涉农项目及非农项目(如经济建设、社会发展、支持企业发展等)资金、上级安排及本级安排资金、当年安排及结转资金(跨年度资金)、存量资金及增量资金。根据现行政策，A 县整合上级拨付资金、中央易地扶贫搬迁专项补

表 5-2　A 县财政涉农资金整合供需结构　　(单位：万元)

序号	项　　目	需求资金	供给资金	缺口
1	村、组公路建设	15678	15798	120
2	特色产业发展	6540	5964	−576
3	扶贫搬迁、危房改造	10727	10727	0
4	贫困村集体经济发展	920	960	40
5	贫困村阵地建设	418	418	0
6	县金融扶贫风险准备金	1000	1000	0
7	农村小学校舍建设	2448	2448	0
8	农村安全饮水	7193	6555	−638
9	社会保障	2779	2279	−500
10	能力建设	660	660	0
11	农村信息化建设	1172	1172	0
12	村卫生室建设	140	140	0
	合计	49675	48121	−1554

注：缺口为供给与需求的差额；资料来源于《A 县 2016 年整合财政资金支持精准扶贫精准脱贫实施方案》。

助资金和县内政策性筹措资金，整合各类资金，合计安排资金 48121 万元。与资金需求相比，资金供给缺口 1554 万元。

(二)资金整合措施

一是搭建精准扶贫资金整合管理平台。成立由县长任组长、常务副县长和分管扶贫工作的副县长任副组长，县财政局、县发改局、县审计局、县国土局、县交运局、县住建局、县林业局、县农业局、县扶贫开发办等职能部门负责人为成员的 A 县精准扶贫资金整合领导小组。从县财政局、扶贫开发办、审计局抽调人员组建工作专班，负责制定年度资金整合方案，下达项目资金计划，备案批复立项项目。各个业务职能部门组成资金整合工作专班，负责项目申报、监督和报账工作。各乡镇为项目具体落实单位(图 5-12)。

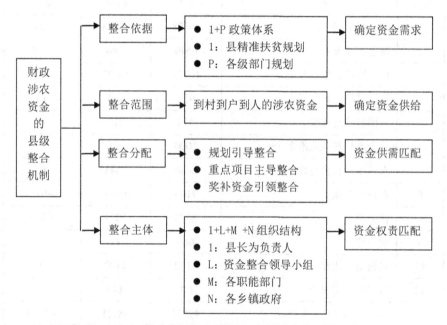

图 5-12 财政涉农资金整合中的县级整合机制

二是建立"统一规划、统一实施、统一验收、统一报账"的财政资金整合机制。根据 A 县确定的年度脱贫目标，工作专班编制项目规划，按照项目分配资金；项目实施部门是项目计划、建设、验收、报账的负责单位；乡镇人民政府是项目实施主体；驻村工作队和村"两委"做好项目落实工作，确保整合资金项目在年内全部完成验收(图 5-13)。

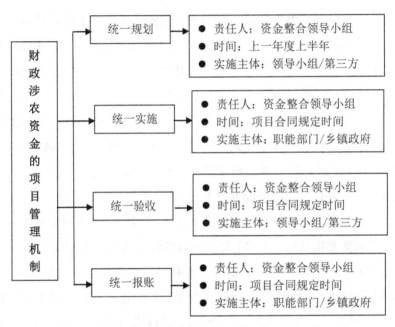

图 5-13　财政涉农资金整合中的项目管理机制

三是完善资金管理和项目监管实施方案。严格执行财政专项资金管理办法，健全完善精准扶贫项目资金管理制度，整合的精准扶贫项目资金实行国库集中支付管理；规范项目资金监管流程，建立项目申报、公示公告、招投标、检查验收、资金报账和审计问责、主体责任及主管人员的任期责任追究制度，确保项目资金使用效益和安全；推进项目资金的绩效管理，强化项目会计核算和项目建设的监督管理，整合的精准扶贫资金，只能用于精准扶贫，不得用于形象工程、政绩工程，不得用于县城、乡镇规划区内的基础设施建设，不得用于楼堂馆所建设，不得用于发放津补贴，不得用于补充公用经费不足；加强项目实施的监督检查，因人为因素造成项目失败、质量低劣、项目资金损失的，追究有关负责人和当事人的责任。

(三)资金整合效果

第一，围绕扶贫开发目标整合财政涉农资金，发挥了专项扶贫资金的杠杆效应。财政专项扶贫资金在 2014 年为 4512 万元，通过 20 类涉农资金整合，扶贫开发资金增加到 2016 年的 48121 万元，专项扶贫资金撬动了 10.7 倍的财政涉农资金量。涉农资金整合发挥了专项扶贫资金的引领作用和杠杆效应，解决了长期以来扶贫开发工作资金短缺的问题。围绕 2016 年扶贫开发目标，即实现 4 个乡镇、20 个贫困村、5217 户、18865 人贫困对象脱贫，48121 万元涉农资金被安排在农村基础设施建设、社会发展、生产发展、生态环保、技能培训五项 11 大类项目中。

第二，以纵向转移支付为主的资金来源结构，反映了国家战略对脱贫县扶贫脱贫的精准效应。这 20 类被整合的涉农资金来自县发改局、财政局、扶贫办、民宗局、交通运输局、水利局、农业局、民政局、卫计局、文体局等职能部门的纵向资金渠道，少部分资金也涉及脱贫县本级的横向筹措资金(主要为县级政策性筹措资金)。从纵横向资金来源比较看，根据图 5-14，纵横向资金比例为 91.1∶8.9。由此可见，脱贫县财政涉农资金整合更多的是中央和省级部门条一块的纵向财政资金。从职能部门资金来源比较看，农村公路建设专项资金、中央专项易地扶贫搬迁资金、农村饮水安全资金、小型农田水利设施建设资金、文化教育卫生专项资金是最主要的来源。

第三，依托脱贫县统筹整合财政涉农资金，体现了政府职能部门扶贫的协同效应。这 20 类被整合的 48121 万元的财政涉农资金，共安排在 11 大类项目建设中，具体见图 5-15。其中，前 4 类项目的资金投入合计占财政涉农资金总量的 81.1%，资金来源均涉及多个部门、多种渠道的资金整

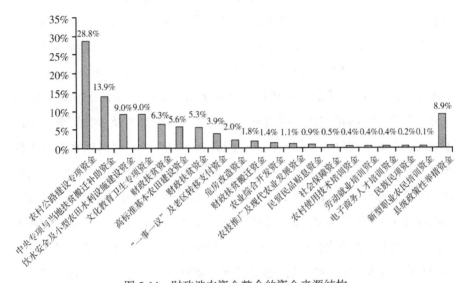

图 5-14　财政涉农资金整合的资金来源结构

资料来源：《A 县 2016 年整合财政资金支持精准扶贫精准脱贫实施方案》。

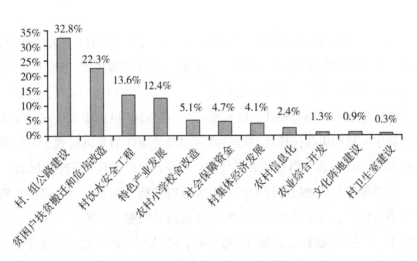

图 5-15　财政涉农资金整合的资金分配结构

资料来源：《A 县 2016 年整合财政资金支持精准扶贫精准脱贫实施方案》。

合。例如，占分配资金比例最高的贫困村村、组公路建设项目，资金来源有5类，涉及4个部门，具体为，农村公路建设专项资金（占81.9%，来源于县交运局），"一事一议"专项资金（占4.4%，来源于县财政局），以工代赈资金（占3.2%，来源于县发改局），少数民族发展资金（占3.8%，来源于县民宗局），革命老区转移支付资金（占6.7%，来源于县财政局），占分配资金22.3%的贫困户扶贫搬迁和危房改造项目涉及3类资金，来源于发改、财政、住建3个部门；占分配资金13.6%的贫困村饮水安全工程涉及2类资金，分别来源于水利、国土资源部门；占分配资金12.4%的脱贫县特色产业发展项目涉及14类资金，来源于农业、扶贫、林业、民宗、发改局等多个部门。县级部门对财政涉农资金整合的自主性，充分体现了财政资金管理的"条块分割，以块为主"的属地原则。扶贫开发过程中出现的"打酱油的钱不能买醋"的问题也得到有效解决，即过去担心的县市一级制定的政策在省级过不了关的问题随之得到解决。

第四节　公共财政支持农民增收的经验启示

本书通过梳理总结武陵山区公共财政支持农民增收的十大经验模式：湖北省恩施州"硒+X"全产业链模式、鹤峰县三茶统筹模式、铁炉白族乡特色农业综合发展模式、五峰土家族自治县"旅游+N"融合发展模式、恩施州重点人群促就业稳增收模式、唐家铺村"三业三网"巩固脱贫模式、重庆市黔江区中元村高山移民模式、跨行政区划经济协作的龙凤模式、贵州铜仁市数"智"赋能模式和财政涉农资金整合模式，可以得到如下经验启示：

一是促进农民增收的经验模式需要政府扶持。例如，高山移民案例中对于中元村无法搬迁的贫困户，黔江区政府采取兜底政策，即区领导1人兜底1户，32人编制以下部门兜底1户，32人编制以上部门兜底2户，由此把所有贫困户全部搬了下来，这对中元村实现整村脱贫起了基本保障作用；又如武陵山龙凤经济协作示范区的建立是一个典型的政府行为结果，通过建立示范区，对湖南龙山县和湖北来凤县的资源进行优化配置，从而发挥资源最大经济效益，促进地区发展和农民增收；再如唐家铺村"三业三网"巩固脱贫模式就充分得到了驻村工作队的大力帮助，充分发挥了基层组织战斗堡垒作用和党员先锋模范作用。

二是政府扶持的经验模式需要增加公共财政支出。例如，乡村旅游模式增加了地方基础设施建设支出，但是乡村旅游是典型的"富民不富财政"的惠民政策，需要地方政府公共财政扶持。又如数"智"赋能模式需要建设农业数字基础设施，打造农业产业互联网，加强冷链物流体系建设，这增加了地方政府的财政补贴或奖补负担。

三是公共财政支持农民增收的经验模式更需要农民自力更生。高山移民模式只有农民愿意搬下来，并且搬得下来，政府才能成功实施移民政策，所谓兜底政策也只是帮扶少数贫困户；乡村旅游模式只有农民愿意配合政府规划，出钱建房，政府才能成功实施"农家乐"乡村旅游；"硒+X"全产业链模式、三茶统筹模式和特色农业综合发展模式也只有农民同意，才能办得起来；重点人群促就业稳增收模式也需要农民愿意投工投劳。这些模式中，公共财政为农民增收搭好了"舞台"，真正"表演"的主角还是农民。

四是公共财政支出应以提高农民生计资本为根本。"硒+X"全产业链模式、三茶统筹模式通过生产加工、科技推广、品牌营销、茶旅结合等全产业链建设，从多方面提高农民生计资本；"旅游+N"融合发展模式改善了农村基础设施，直接提高了农民物质资本，旅游人口的增加提高了农民社会资本；重点人群促就业稳增收模式全方位地提高了低收入农民的生计资本；数"智"赋能模式以互联网平台为媒介，提高了农民社会资本；高山移民模式改变了农民生存的脆弱性环境，直接提高了农民自然资本；跨行政区划经济协作模式从基础设施改善、产业规划布局、政府优惠政策出台等多方面提高了农民多种生计资本；财政涉农资金整合模式提高了项目实施绩效，有利于提高农民各项生计资本。由此可见，公共财政支出大都直接或间接地提高了农民生计资本，促进了农民增收致富。

五是公共财政支持农民增收的模式更需要民间资本投资。例如，鹤峰县龙豪公司大力推进农村产业融合发展技改项目，通过自主投入、政府扶持，投入资金 1.1 亿元，引进新技术、新设备，不断提高茶叶鲜叶加工能力，使茶叶加工向精深加工方向不断升级，提升了产业效益，促进了农民增收。由此可见，公共提供不等于公共生产，许多公共产品可以由私人企业或有实力的农户来投资。

六是公共财政支持农民增收的模式要注重数字建设。比较典型的案例就是贵州省铜仁市数"智"赋能的经验模式。一是通过智慧农业建设，利用"农业+大数据+物联网"，拓展农产品销售渠道，推广农业物联网应用，让大数据贯穿种植、运输、销售等各个环节，提高农业生产数字化、精准化和智能化水平;① 二是通过电子商务建设，培育孵化一批"能说会道"的本地网红达人，通过短视频和直播拉动本土经济发展；三是通过大数据平台建设，形成"一云"汇聚、"一网"融合、"一台"支撑格局，切实解决医疗、教育、养老、就业等问题。根据我国《数字乡村发展战略纲要》《"十四五"国家信息化规划》，今后要充分发挥信息化对乡村振兴的驱动赋能作用，加快构建引领乡村产业振兴的数字经济体系，构建适应城乡融合发展的数字治理体系，不断推动乡村振兴取得新进展，推动数字中国建设迈出新步伐。②

七是财政资金需要打破部门界限和区域壁垒进行统一规划。高山移民模式整合了当地发改委、扶贫办、交委、水务局、电力公司、国土局、建委等多个部门，集中资金、集中智慧、统一规划，从而真正实现了高山移民脱贫致富。武陵山龙凤经济协作示范区更是打破了湖南湖北的行政区划，将分属不同省份的两县统一规划，建立跨行政区划扶贫示范区。县级财政涉农资金整合了 20 类部门资金，按照统一规划、统一实施、统一验收、统一报账的财政资金整合机制，安排在 11 大类项目建设中，提高了财政资金使用绩效。可以预见，未来武陵山区将会有越来越多打破部门界限和区域壁垒的经典案例来带动农民增收致富。

---

① 王麟，王浩. 乘"数"而上！铜仁奋力打造数字经济新引擎[N]. 2021-08-25.
② 中央网信办、农业农村部等五部门印发《2022 年数字乡村发展工作要点》[J]. 农业工程技术，2022，42(12)：6.

第六章 促进武陵山区农民增收的公共财政支持体系构建

第一节 公共财政促进武陵山区农民增收的逻辑框架

全面建成小康社会后，武陵山区虽已完成全面脱贫，但区域脆弱性特征还十分明显。根据前文分析，当前武陵山区农民收入增长特征是：农民收入近年呈相对稳定增长态势；农民收入增长呈对外差距和城乡差距双重缩小特征；武陵山区县市间差距不大，但农民个体之间收入差距较大；农民增收来源存在差异，财产性收入普遍偏低。当地农民收入低是一个整体区域性问题，农民增收面临的重点问题是如何确保农民的工资性收入和经营净收入持续增收，难点问题则是如何切实有效地提高农民的财产性收入。2021年11月，国务院印发的《"十四五"推进农业农村现代化规划》提出要在"十四五"期间促进农村居民收入稳步增长，做到"农民增收渠道不断拓宽，农村居民人均可支配收入增长与国内生产总值增长基本同步，城乡居民收入差距持续缩小"。[①] 结合2022年中央一号文件《关于做好2022年全面推进乡村振兴重点工作的意见》、《全国乡村产业发展规划（2020—2025年）》和武陵山区实情，公共财政支持对武陵山区农民增收十分必要，财政增收政策制定必须符合农民可持续生计目标。公共财政促进武陵山区

---

① 中共中央，国务院．关于印发"十四五"推进农业农村现代化规划的通知[EB/OL]．（2021-11-12）．http://www.gov.cn/zhengce/content/2022-02/11/content_5673082.htm.

农民增收的逻辑框架基于以下四个层面设立：

第一层是起点层，农产品市场失灵问题是财政支持农民增收的起点。这包括农业在国民经济中的基础性地位、农业在市场经济中的弱质性特点、农业在投资领域中的公共品属性、农业在生态系统中的外部性效应、城乡居民收入分配二元化，这些问题的解决成效直接决定公共财政工具设计的意义。

第二层是功能层，促进农民增收是公共财政的基本职能，体现在资源配置职能、收入分配职能、经济稳定职能上面。公共财政要从这三方面促进农业农村资源合理配置、城乡居民收入差距合理分配、农业经济可持续稳定增长。

第三层是机制层，可持续生计分析框架是公共财政支持武陵山区农民增收的逻辑框架。可持续生计分析框架由脆弱性背景、农户生计系统、公共政策、经济社会发展目标4个部分组成。在脆弱性背景下，在公共政策影响下，农户可充分利用生计资本，做出最优化的生计策略，以求得预期的生计产出，并实现微观农户生计目标与经济社会发展目标的契合。

在机制层中，公共财政工具会对农户生计资本产生影响，进而影响农户生计策略。具体表现在，一是公共财政会直接产生农户生计资本。例如，政府对基础设施投资，会增加农户物质资本，或者进行技术培训来增加农户人力资本，或者完善地方制度去强化社会资本。二是公共财政会决定农户生计资本。例如，政府规定农户拥有土地资源的抵押权，则农户金融资本将会增加。三是公共财政会影响资本聚集的比例。例如，税收政策会影响农户不同生计策略的回报。根据公共财政对农民收入的影响方式，公共财政分为直接增收的公共财政政策(包括税收优惠、生态补偿、农业补贴、金融支持、社会救助、脱贫攻坚与乡村振兴衔接期的部分过渡政策)和间接增收的公共财政政策(包括乡村建设、产业发展、人才支撑、文化传承、生态保护)。针对公共财政对武陵山区农民收入的影响，本书通过政策对农民生计资本的影响来着手分析，分别从农民经营净收入、工资性收入、转移净收入、财产净收入等五方面制定了促进农民增收的公共财政支持体系。

第四层是绩效层，公共财政政策的实施绩效是通过农户可持续生计系统来实现微观农户生计目标与经济社会发展目标的契合。因此，促进农民增收的公共财政支持体系必须要进行绩效评价，以确保财政资金分配和使用的最大效率。其中，财政支持投入的绩效评价指标体系应包括投入指标层和产出指标层，投入指标又包括公共财政投入和农户生计资本投入，产出指标则包括微观农户生计产出和经济社会发展目标。根据前文分析，公共财政资金的绩效评价指标体系可设计如下（表 6-1）。在指标体系设计之后，可用绩效评价的常用模型——数据包络分析方法进行绩效评价。

表 6-1　公共财政支持体系的绩效评价指标体系

指标层	一级指标	二级指标	三 级 指 标
投入	公共财政投入	总量投入	财政支持农民增收的资金规模……
		结构投入	直接增收的财政资金规模及分项目资金规模、间接增收的财政资金规模及分项目资金规模……
		比例投入	财政支持农民增收的资金占财政总支出的比重、财政支持农民增收的资金占地方生产总值的比重、人均财政支持农民增收的资金额……
	农户生计资本投入	自然资本	耕地拥有量、林地拥有量……
		人力资本	家庭人口数、劳动力人数、年龄、受教育程度、最高教育程度、健康状况……
		物质资本	房间数量、房屋结构、生产工具种类、生活工具种类……
		金融资本	民间资本贷款能力、家庭储蓄和投资金额、人均纯收入……
		社会资本	民族、党员、特殊经历、亲朋好友交往程度、参加村里活动次数、去集市时间……

续表

指标层	一级指标	二级指标	三级指标
产出	微观农户生计产出	农民收入总量	农村居民家庭人均可支配收入、农村居民家庭现金收入……
		农民收入来源结构	家庭经营净收入、工资性收入、财产净收入、转移净收入的人均金额及相对比例……
	经济社会发展目标	城乡差距	城乡居民收入分配差距、城乡地区生产总值差距、城乡教科文卫等基本公共服务差距……
		农村福利	农村居民健康、教育、文化等的提高，农村贫困发生率的下降……
		农业脆弱性	农产品产量的稳定性、农产品单产的稳定性、成灾面积占受灾面积比例……
		粮食安全	粮食产量、人均粮食占有量、粮食自给率……
		资源环境可持续	森林覆盖率、水土保持指标、植被覆盖率…

第二节　促进农民经营净收入增长的公共财政支持体系

一、促进农业收入增长的财政支持体系

（一）公共财政支持体系

理论上，促进农民农业收入增长的公共财政工具要能够改善农民生计资本。根据表6-2，涉及农民农业收入增长的自然资本包括耕地、水资源、林地和生物资源等，对应的公共财政增收政策包括中低产田改造、高标准农田建设、农田水利设施建设、内陆养殖池塘标准化改造、特色农产品产

业化、易地搬迁、灾害救助和病虫害防治;涉及农民农业收入增长的人力资本包括农民健康状况、劳动技能和受教育程度,对应的财政增收政策包括医疗保障、大病救助、高素质农民培育计划、农业技术培训、义务教育保障等;农民物质资本包括生产资料和生产设备,对应的财政政策包括价格支持补贴、农业支持保护补贴、畜牧业良种补贴、动物疫病强制免疫补助、农机购置补贴;农民金融资本包括生产资金,对应的财政政策包括全国农业信贷担保体系、农民互助资金合作社扶持和农业保险;农民社会资本包括农产品销售网络、农民议价能力,对应的财政政策包括供销合作社扶持、"互联网+"农产品出村进城工程、电商直播、农产品市场建设和政府农产品收购政策。

表 6-2　促进农民农业收入增长的公共财政支持体系

		生计资本	公共财政增收政策
农业收入	自然资本	耕地、水资源、林地、生物资源	中低产田改造、高标准农田建设、农田水利设施建设、内陆养殖池塘标准化改造、特色农产品产业化、易地搬迁、灾害救助、病虫害防治等
	人力资本	健康状况、劳动技能、受教育程度	医疗保障、大病救助、高素质农民培育计划、农业技术培训、义务教育保障等
	物质资本	生产资料、生产设备	价格支持补贴、农业支持保护补贴、畜牧业良种补贴、动物疫病强制免疫补助、农机购置补贴等
	金融资本	生产资金	全国农业信贷担保体系、农民互助资金合作社扶持、农业保险等
	社会资本	销售网络、议价能力	供销合作社扶持、"互联网+"农产品出村进城工程、电商直播、农产品市场建设、政府收购

（二）重点领域

根据课题组调研和实证分析，研究发现目前影响调查区域农民农业收入增长的政策因素包括：一是政府帮助农村居民进行规模化种植；二是政府出台优惠政策帮助农村居民实行机械化耕种；三是政府加大农业科技推广服务力度；四是政府帮助农村居民积极成立和加入专业合作组织，规避经营风险；五是对于重要和关键农产品，政府出台最低价收购政策，规避市场价格风险。其他政策的作用还要进一步加强。基于此，公共财政支持该地区农民农业收入增长的重点领域在于新型农业经营主体发展、农业科技推广、农业产业化、农产品市场建设等，以及土地管理制度配套措施的完善等。

1. 财政扶持新型农业经营主体发展

一是鼓励实施家庭农场培育计划，把农业规模经营户培育成有活力的家庭农场，同时引导以家庭农场为主要成员联合组建农民合作社；二是鼓励农民合作社根据发展需要，采取出资新设、收购或入股等形式创办公司；三是鼓励农业产业化龙头企业建立大型农业企业集团；四是鼓励加快发展面向新型农业经营主体的金融服务，创新专属金融产品；五是鼓励实施高素质农民培育计划，分层分类开展新型农业经营主体带头人培训；六是推动新型农业经营主体与小农户建立利益连接机制，推行保底分红、股份合作、利润返还等新的利益分配方式；七是发展壮大农业专业化社会化服务组织，培育服务联合体和服务联盟。①

2. 财政推动农业技术的研究和推广

农业科技成果应用具有很强的外部性，农户往往缺乏采用新技术、新品种的能力，因此需要发展壮大农业专业化社会化服务组织，培育服务联

① 中共中央，国务院. 关于全面深化农村改革加快推进农业现代化的若干意见[N]. 人民日报，2014-01-20(1)；中华人民共和国农业农村部. 关于实施新型农业经营主体提升行动的通知 [EB/OL].（2022-03-25）. http://www.moa.gov.cn/govpublic/NCJJTZ/202203/t20220325_6394049.htm.

合体和服务联盟,将先进适用的品种、技术、装备导入小农户。① 针对武陵山区,要充分利用当地丰富和独特的生物资源,促进农业生物育种创新和推广应用。尤其是对有机油茶、茶叶、蚕茧、烤烟、高山蔬菜、魔芋、中药材、干果、肉类、柑橘等,努力培育绿色名优特农产品品牌,支持产地认证。加强产学研合作,建立科研院所、农业高校等社会力量对接服务新型农业经营主体的长效机制。支持科研机构和企业到农村开展技术推广和技能培训,提高农业技术成果转化水平。②

3. 财政支持特色农产品品牌化

武陵山区各区市县,山同脉、水同源、人同宗,在稳定发展粮食生产,确保区内供求平衡基础上,要充分发掘特色资源优势,建设特色农产品优势区,完善特色农产品优势区体系。公共财政要加大对武陵山区油茶、茶叶、蚕茧、烤烟、高山蔬菜、魔芋、中药材、干果、肉类、柑橘等特色产业产业化支持力度。按照品种培优、品质提升、品牌打造和标准化生产"三品一标"的要求,优化区域布局,建立武陵山区特色农产品产业化基地(表6-3)。围绕生产标准化、产品特色化、身份标识化和全程数字化,支持开展地理标志农产品特色种质保存、特色品质保持和特征品质评价,挖掘农耕文化,加强宣传推介,强化质量安全监管和品牌打造,推动地理标志农产品产业发展。③ 建立财政激励引导机制,鼓励特色产业开展精深加工、品种繁育和技术创新,并与休闲观光、文化艺术、互联网电商等二三产业密切互动,着力延伸特色农产品产业链,提升特色农产品价值链。

---

① 中共中央,国务院.关于印发"十四五"推进农业农村现代化规划的通知[EB/OL].(2022-02-11).http://www.gov.cn/zhengce/content/2022-02/11/content_5673082.htm.

② 中共中央,国务院.关于印发"十四五"推进农业农村现代化规划的通知[EB/OL].(2022-02-11).http://www.gov.cn/zhengce/content/2022-02/11/content_5673082.htm.

③ 财政部、农业农村部发布2022年重点强农惠农政策[J].中国农机监理,2022(7):8-12.

表6-3　武陵山区特色农产品产业化基地

项目	湖北辖区	湖南辖区	重庆辖区	贵州辖区
油茶基地	来凤、咸丰、鹤峰、恩施、宣恩、长阳、五峰	永顺、麻阳、泸溪	彭水、石柱、酉阳、秀山	松桃、玉屏、道真、务川
茶叶基地	利川、宣恩、鹤峰、巴东、恩施、利川、建始、五峰、长阳	沿河、保靖、古丈	酉阳、秀山	印江、松桃、道真、务川
蚕茧基地	巴东、来凤、长阳	龙山	石柱	务川
烤烟基地	建始、利川、鹤峰、巴东、咸丰、恩施、宣恩、五峰、来凤	龙山、新晃、靖州、芷江	酉阳、彭水	印江、沿河、务川、道真
高山蔬菜基地	恩施、鹤峰、利川、宣恩、建始、巴东、咸丰、长阳、五峰	龙山、凤凰、保靖、城步、通道	石柱、彭水、秀山	务川、道真、印江
魔芋基地	巴东、鹤峰、恩施、咸丰、建始、长阳、五峰	古丈、麻阳	彭水、石柱	印江、松桃
中药材基地	利川、恩施、建始、鹤峰、咸丰、巴东、宣恩、长阳、五峰	龙山、通道、靖州、古丈	石柱、秀山、酉阳、彭水	玉屏、印江、沿河、松桃、务川、道真
干果基地	恩施、利川、建始、巴东、宣恩、咸丰、来凤、五峰、长阳	靖州、保靖、通道	彭水、酉阳、秀山	玉屏、印江、沿河、松桃、务川、道真
肉类基地	恩施、来凤、利川、咸丰、建始、巴东、鹤峰、宣恩、长阳、五峰	城步、吉首、泸溪、凤凰、古丈、花垣、保靖、靖州、麻阳、永顺、龙山、芷江、新晃、通道	石柱、酉阳、秀山、彭水	玉屏、印江、沿河、松桃、务川、道真

续表

项目	湖北辖区	湖南辖区	重庆辖区	贵州辖区
柑橘基地	乌江、清江、沅水、澧水、资水			

资料来源：《武陵山片区区域发展与扶贫攻坚规划(2011—2020年)》。

4. 财政扶持市场体系建设

政府对农产品市场、农业生产资料市场和农村消费品市场深入推进"万村千乡市场工程"建设，同时构建国家级、区域性和田头三级农产品产地市场体系，并对脱贫地区建设条件适度放宽。公共财政应大力扶持发展农民专业合作社，鼓励农民专业合作社在城市社区设立直销店、连锁店；扶持发展农产品批发市场，建立物流配送基地，建设一批农产品加工配送中心，加大对特色农产品的营销力度；扶持流通企业、行业协会，积极开展多种形式的"农超对接"；扶持农村流通大户和农民经纪人，积极推进农产品网上推介、洽谈和交易。[①]

公共财政还要大力扶持开展农村实用人才培训，提高种养大户、家庭农场、农民合作社等新型农业经营主体产销对接能力；鼓励支持农业产业化龙头企业与新型农业经营主体通过组建流通协会、产销联盟或产销集团，形成集中流通、集约营销的格局；扶持经销企业通过兼并、联盟、合作等方式，扩大产后加工、仓储物流、城乡配送等服务范围。[②]

(三)配套措施

深化土地管理制度改革，稳定和完善农村基本经营制度，充分尊重农

[①]　国务院扶贫办，国家发展改革委.关于印发武陵山片区区域发展与扶贫攻坚规划的通知[EB/OL].(2013-04-12). https://zfxxgk.ndrc.gov.cn/web/iteminfo.jsp?id=1660.

[②]　中华人民共和国农业农村部.关于印发《"十四五"全国农产品产地市场体系发展规划》的通知[EB/OL].(2022-03-01). http://www.moa.gov.cn/nybgb/2022/202203/202204/t20220401_6395165.htm.

民意愿，规范有序推进农村土地承包经营权流转，引导土地向农民专业合作社、种养大户集中，推进适度规模经营，对从事规模经营的产业大户适当给予土地流转补助。完善农村土地流转市场服务体系，推动各级农村土地承包信息数据库和应用平台互联互通。开展农村土地经营权流转监测分析，防范土地流转风险。大力推广"龙头企业+专业合作社+基地+农户"产业化经营模式，完善利益连接机制，实现互利共赢。创新和推广建设管理工作机制，切实破解农村基础设施建设管理难题。建立健全财政支农项目资金整合机制，充分发挥财政支农资金的导向作用。①

二、促进经营性非农收入增长的财政支持体系

(一)公共财政支持体系

理论上，促进农民经营性非农收入增长的公共财政工具要能够改善农民生计资本。根据表6-4，涉及农民经营性非农收入增长的自然资本包括乡土风貌，对应的公共财政增收政策包括农村人居环境整治、发展乡村旅游；人力资本包括农民健康状况、劳动技能和受教育程度，对应的财政增收政策包括医疗保障、农村劳动力职业培训、义务教育保障等；物质资本包括劳动工具和生活设施，对应的财政政策包括农村基础设施建设；金融资本包括经营资金，对应的财政政策包括农民互助资金合作社扶持、信用贷款；社会资本包括社会网络，对应的财政政策包括支持电商直播等。

(二)重点领域

根据课题组调研和实证分析，研究发现影响农村居民经营性非农收入

---

① 国务院扶贫办，国家发展改革委. 关于印发武陵山片区区域发展与扶贫攻坚规划的通知[EB/OL]. (2013-04-12). https://zfxxgk.ndrc.gov.cn/web/iteminfo.jsp?id=1660；中华人民共和国农业农村部. 关于落实党中央国务院2022年全面推进乡村振兴重点工作部署的实施意见[EB/OL]. (2022-04-01). http://www.moa.gov.cn/nybgb/2022/202203/202204/t20220401_6395154.htm.

表6-4　促进农民经营性非农收入增长的公共财政支持体系

		生计资本	公共财政增收政策
经营性非农收入	自然资本	乡土风貌	人居环境整治、乡村旅游产业等
	人力资本	健康状况、劳动技能、受教育程度	医疗保障、农村劳动力职业培训、义务教育保障等
	物质资本	劳动工具、生活设施	农村基础设施建设等
	金融资本	经营资金	农民互助资金、信用贷款、农民创业补贴等
	社会资本	社会网络	财税支持电商直播等

增长的政策因素包括：一是政府提供给农村居民接受更多的教育机会，尤其是职业教育，提高农村居民致富能力；二是政府提供更多的基本医疗产品和服务；三是制定包括危房改造在内的更多支持政策，帮助农村居民改善住房条件；四是放宽信用社贷款条件和加大贷款力度，使更多的金融资本汇聚到有想法、有能力但缺资金的乡村"准精英"中去。其他政策的作用还要进一步加强。基于此，公共财政支持该地区农民经营性非农收入增长的重点领域在于农村劳动力职业培训、农村基础设施建设、小额信贷，以及政府行政职能转变和医疗保障建设的相关配套措施。

1. 财政支持农村劳动力职业培训

第一，政府应加大农村创业人才培训力度，对有意愿的返乡创业人员提供创业培训并补贴费用，鼓励创业兴业。第二，开展职业经理人和辅导员培训，提高信息服务和管理运营能力。第三，推进非物质文化遗产保护利用工作，对民族手工业、民族文化产业的劳动者优先开展培训。第四，加大职业技能培训力度，积极为农村留守妇女创业发展搭建平台、提供服务。第五，通过专项资金补贴，开展农村贫困残疾人实用技术培训，为提高残疾人生产就业能力提供各种周到服务。①

2. 财政加大农村基础设施建设

第一，加快推进农村供水工程建设改造，配套完善净化消毒设施设备。第二，深入实施农村电网巩固提升工程，实现户户通电，实现城乡用电同网同价。第三，有序推进乡镇通三级及以上等级公路、较大人口规模自然村(组)通硬化路，扎实开展农村公路管理养护体制改革试点。第四，推广应用生态能源建设项目，推进农村光伏、生物质能等清洁能源建设。第五，继续实施农村危房改造和抗震改造，完善农村房屋建设标准规范。第六，深入推进人居环境整治工作，控制和降低农村污染，实施改水、改厨、改厕、改圈工程。对农村环境进行绿化美化。②

3. 财政加大小额信贷力度

扎实做好脱贫人口小额信贷工作，加大贴息贷款力度，创新贴息管理机制，完善小额信贷扶贫到户形式，进一步完善脱贫村互助资金试点，帮助脱贫户参与互助资金合作社。同时积极推广农村承包土地经营权抵押贷款和农民住房财产权(宅基地使用权)抵押贷款业务。③

---

① 中华人民共和国民政部. 关于加强农村留守妇女关爱服务工作的意见[EB/OL]. (2019-11-06). https://www.mca.gov.cn/article/xw/mzyw/201911/20191100021061.shtml；中华人民共和国财政部. 关于印发《中央财政残疾人事业发展补助资金管理办法》的通知[EB/OL]. (2016-07-15). http://sbs.mof.gov.cn/fpzjzczl_9170/zcfg/201807/t20180713_2960823.htm；中华人民共和国人力资源和社会保障部. 关于进一步支持农民工就业创业的实施意见[EB/OL]. (2022-11-16). http://www.mohrss.gov.cn/xxgk2020/fdzdgknr/zcfg/gfxwj/jy/202211/t20221118_490347.html.

② 中共中央，国务院. 关于做好2022年全面推进乡村振兴重点工作的意见[EB/OL]. (2022-02-22). http://www.gov.cn/xinwen/2022-02/22/content_5675035.htm.

③ 国务院扶贫办，国家发展改革委. 关于印发武陵山片区区域发展与扶贫攻坚规划的通知[EB/OL]. (2013-04-12). https://zfxxgk.ndrc.gov.cn/web/iteminfo.jsp?id=1660；中华人民共和国中央人民政府. 关于金融支持新型农业经营主体发展的意见[EB/OL]. (2021-05-18). http://www.gov.cn/zhengce/zhengceku/2021/05/25/content_5611723.htm.

（三）配套措施

一是推进政府行政职能转变。强化政府社会管理和公共服务职能，减少行政审批事项，规范审批程序，完善信息披露制度；完善社会参与、专家咨询、风险评估、合法性审查和集体讨论的公共选择程序；建立科学合理的政府绩效管理制度；对私人资本进入法律法规允许行业和领域的准入标准和扶持政策进行公开；大力支持小微企业发展。[①]

二是加强医疗保障制度建设。深化医药卫生体制改革，进一步完善面向农村居民的基本医疗保险，通过医疗救助制度让农村低保户、五保户、建档立卡户和其他特殊困难人员参加医疗保险免交或减免保费，提高他们的参保率和就诊率，对其难以负担的自付费用给予补助；提高地方病、职业病、重大传染病补助标准；提高基层医疗公共服务质量。[②]

第三节　促进农民工资性收入增长的公共财政支持体系

一、公共财政支持体系

理论上，促进农民工资性收入增长的财政工具要能够改善农民生计资本。根据表6-5，涉及农民工资性收入增长的自然资本包括耕地、水资源、林地、生物资源，对应的财政政策应支持农村产权制度改革以促进农业规模经营，使农民成为产业工人，获得工资性收入；人力资本包括农民健康状况、劳动技能和受教育程度，对应的财政政策包括医疗保障、农村剩余

---

①　国务院扶贫办，国家发展改革委. 关于印发武陵山片区区域发展与扶贫攻坚规划的通知[EB/OL].（2013-04-12）. https://zfxxgk.ndrc.gov.cn/web/iteminfo.jsp?id=1660.

②　国务院扶贫办，国家发展改革委. 关于印发武陵山片区区域发展与扶贫攻坚规划的通知[EB/OL].（2013-04-12）. https://zfxxgk.ndrc.gov.cn/web/iteminfo.jsp?id=1660.

劳动力转移培训、义务教育学杂费减免、职业教育专项招生等；农民金融资本包括就业资金，对应的财政政策包括农民互助资金合作社扶持；农民社会资本包括社会组织和社会网络，财政政策包括乡镇企业培育、乡村非农产业发展、对口支援等。

表6-5　促进农民工资性收入增长的公共财政支持体系

		生 计 资 本	公共财政增收政策
工资性收入	自然资本	耕地、水资源、林地、生物资源	农村产权制度改革，支持"龙头企业+合作社+基地+农户"的产业模式、支持村集体经济发展等
	人力资本	健康状况、劳动技能、受教育程度	医疗保障、农村剩余劳动力转移培训、义务教育学杂费减免、职业和高等教育专项招生等
	物质资本	无	无
	金融资本	就业资金	农民互助资金、就业补贴等
	社会资本	社会组织、社会网络	乡镇企业培育、乡村非农产业发展、对口支援等

二、重点领域

根据课题组调研和实证分析，研究发现影响农村居民私人部门工资收入增长的政策因素包括：政府在农村居民打工行为方面应给予更多的政策自主权，同时农村各项惠农制度与城市各项惠民制度相衔接，如允许有外出打工行为的贫困户申请农村低保，甚至打工家庭可申请城市低保；允许外出务工农村居民的养老保险实现城乡和地区间转移接续等。

对于农民公共部门工资收入，影响其增长的政策因素包括：一是政府提供给农村居民接受更多教育的机会，尤其是增加农村孩子接受高等教育的机会；二是政府加强农村党员队伍建设和教育培训工作，发挥党员带头致富能力；三是政府给予乡村精英更多支持政策，提高乡村精英带动村民共同致富能力；四是政府对正式岗位招聘进行信息公开，完善公共部门公开招聘和竞聘上岗的招聘制度。基于此，公共财政支持该地区农民工资性收入增长的重点领域在于非农产业发展、劳动力转移培训、劳动力市场建设，以及城乡配套措施的完善等。

(一)财政扶持非农产业发展

加工制造、生物医药、机械工业、现代服务业是有利于武陵山区农民增收的主要非农产业。地方政府应该充分利用中央财政扶持的契机，将非农产业发展和农民增收相联系，将乡镇企业培育与农民非农就业相对接，增加农民非农就业机会，促进农民加快增收。武陵山区重点非农产业项目见表6-6：

表6-6 武陵山区重点非农产业项目

产　业		具体项目
加工制造	农林产品加工业	重点发展油茶、茶叶、烟叶和畜禽产品加工
	矿产资源加工业	适度发展锰、铁、铝、汞、磷、石膏等地方矿产资源
	机械工业	发展农用机械、通用机械，培育龙头企业
生物医药产业		发展青蒿素、金银花、百合、五倍子等医药化工产业
现代物流业		在怀化、铜仁、黔江、恩施建设区域综合性物流中心，支持大型龙头企业在重点城镇建设物流节点
家庭服务业		发展家政、养老服务和病患陪护；鼓励创办家庭服务企业

资料来源：《武陵山片区区域发展与扶贫攻坚规划(2011—2020年)》。

2022 年 3 月，文化和旅游部等 6 部门印发了《关于推动文化产业赋能乡村振兴的意见》，提出要强化以城带乡、城乡互促，以文化产业赋能乡村人文资源和自然资源保护利用，促进一二三产业融合发展。据此，武陵山区应将旅游业和文化产业发展放在显著的位置。一是大力支持具有民族风情的特色手工艺品产业化发展，推动手工艺特色化、品牌化发展，培育形成具有民族、地域特色的传统工艺产品和品牌；二是推进传统村落保护与发展，改造建设民族文化艺术馆和民族文化影视中心，保护和发展特色民族村镇和古村镇；三是推动演出产业、音乐产业、美术产业和动漫产业赋能乡村，提升乡村产业的专业化水平，同时将更多艺术元素应用到乡村规划建设之中；四是深入开发少数民族的健康旅游、科普旅游和红色旅游项目；五是重点支持国家重大文化和自然遗产地、全国重点文物保护单位、中国历史文化名城名镇名村保护设施建设，推进非物质文化遗产保护利用及建设，同时加大文旅融合，推动非物质文化遗产融入乡村旅游各环节；六是鼓励数字文化企业发挥平台和技术优势，创作传播展现乡村特色文化、民间技艺、乡土风貌、田园风光、生产生活等方面的数字文化产品，规划开发线下沉浸式体验项目，带动乡村文化传播、展示和消费。①

(二)财政加大劳动力转移培训

(1)农村劳动者转移就业培训。围绕市场急需紧缺工种，为有意愿外出的农村劳动者开展针对性技能培训、安全知识培训，大力开展新职业新业态培训，鼓励支持其获得技能等级证书，加快推进产训结合行动，提升培训的针对性和有效性，对符合条件的农村劳动者按规定给予补贴。

---

① 中华人民共和国文化和旅游部，等. 关于推动文化产业赋能乡村振兴的意见[EB/OL]. (2022-03-21). https://zwgk.mct.gov.cn/zfxxgkml/cyfz/202204/t20220406_932314.html; 国务院扶贫办，国家发展改革委. 关于印发武陵山片区区域发展与扶贫攻坚规划的通知[EB/OL]. (2013-04-12). https://zfxxgk.ndrc.gov.cn/web/iteminfo.jsp?id=1660.

（2）脱贫家庭劳动力职业技术培训。对农村脱贫家庭未继续升学的应届初高中毕业生、新成长劳动力，鼓励他们参加劳动预备制培训；免除农村家庭经济困难的中等职业教育学生和涉农专业学生学费，落实国家助学金政策。（3）实施武陵山区"雨露计划"，即引导和鼓励脱贫家庭新生劳动力继续接受高、中等职业教育或一年以上的技能培训；组织脱贫家庭青壮年参加就业技能培训；培训低收入农民各类实用技能；培训脱贫村产业带头人产业化领导能力。①

（三）财政推动劳动力市场建设

一是鼓励新办环境友好型和劳动密集型企业，发展乡村特色产业、农村电商等新产业新业态；二是在东西部协作、对口支援和省内协作机制基础上，地理相邻、人员往来密切的省份可探索组建区域劳务协作联盟，根据需要提供"点对点"劳务输出；三是结合当地资源禀赋、文化特色分类打造一批知名劳务品牌，培育一批劳务品牌龙头企业，提高劳动者就业质量；四是合理设置就业服务站点，扩大服务供给，为农村劳动者及时提供跨区域就业岗位信息；五是充分利用以工代赈、开辟公益性岗位等手段，为脱贫农户就近就地提供劳动岗位支持。②

三、配套措施

改革完善城镇化相关制度措施，要引导外出务工农民有序地自愿流动，落实他们进城后的就业、医疗、教育、住房、社会保障等配套政策，

---

①　国务院扶贫办，国家发展改革委．关于印发武陵山片区区域发展与扶贫攻坚规划的通知［EB/OL］．（2013-04-12）．https://zfxxgk.ndrc.gov.cn/web/iteminfo.jsp? id =1660；中华人民共和国人力资源和社会保障部．关于进一步支持农民工就业创业的实施意见［EB/OL］．（2022-11-16）．http://www.mohrss.gov.cn/xxgk2020/fdzdgknr/zcfg/gfxwj/jy/202211/t20221118_490347.html．

②　中华人民共和国人力资源和社会保障部．关于进一步支持农民工就业创业的实施意见［EB/OL］．（2022-11-16）．http://www.mohrss.gov.cn/xxgk2020/fdzdgknr/zcfg/gfxwj/jy/202211/t20221118_490347.html．

确保转户居民真正享有和城市居民同等的待遇。一是保障农业转移人口子女平等享有受教育权利；二是支持创新城乡基本医疗保险管理制度；三是支持完善统筹城乡的社会保障体系；四是加大对农业转移人口就业的支持力度；五是建立农业转移人口市民化奖励机制；六是加大对农业转移人口市民化的财政支持力度，均衡性转移支付适当考虑为持有居住证人口提供基本公共服务增支因素，县级保障资金分配时应考虑持有居住证人口因素；七是支持提升城市功能并增强城市承载能力；八是维护进城落户农民土地承包权、宅基地使用权、集体收益分配权。①

第四节　促进农民其他收入增长的公共财政支持体系

一、促进转移净收入增长的财政支持体系

（一）公共财政支持体系

理论上，促进农民转移净收入增长的公共财政工具要能够改善农民生计资本。根据表6-7，促进农民转移净收入增长的自然资本包括耕地、林地等，对应的公共财政增收政策包括退耕补贴、林地补偿、禁渔补贴、高山移民补贴等；人力资本包括农民年龄、健康状况、教育程度、经济条件、家庭结构，对应的财政增收政策包括养老保险、大病救助、教育救助、最低生活保障、五保户等；农民物质资本包括生活资料、生产资料和设备，对应的财政政策包括危房补贴、价格支持补贴、农业支持保护补贴、畜牧业良种补贴、动物疫病强制免疫补助、农机购置补贴；农民社会资本包括家庭成员结构等，对应的收入来源于住户之间的赡养收入、本住户非常住成员寄回带回的收入等。

---

① 国务院关于实施支持农业转移人口市民化若干财政政策的通知［EB/OL］.（2016-08-05）. http://www.gov.cn/zhengce/content/2016/08/05/content_5097845.htm.

表 6-7　促进农民转移净收入增长的公共财政支持体系

		生计资本	公共财政增收政策
转移净收入	自然资本	耕地、林地、河流湖泊等	退耕补贴、林地补偿、禁渔补贴、高山移民补贴、救灾款等
	人力资本	年龄、健康状况、教育程度、经济条件、家庭结构	养老保险、大病救助、教育救助、最低生活保障、五保户、医疗报销、社会福利等
	物质资本	生活资料、生产资料、设备	危房补贴、价格支持补贴、农业支持保护补贴、畜牧业良种补贴、动物疫病强制免疫补助、农机购置补贴等
	金融资本	无	无
	社会资本	家庭成员结构	无

（二）重点领域

根据课题组调研和实证分析，研究发现提高农村居民转移净收入在于提高他们的基本生活保障能力，这包括：一是政府继续实行养老、医疗、低保、教育、住房等社会保障政策；二是政府在自然灾害和市场价格波动时期给予生产救助，出台市场扶持政策。基于此，公共财政支持该地区农民转移净收入增长的重点领域在于社会保障、农业补贴以及其他补贴措施。

1. 财政完善农村社会保障体系

一是进一步实施九年义务教育学费免除制度，巩固义务教育成果，保证高中教育毛入学率超过 80%；二是全面提高医疗保障水平，健全县、乡、村三级医疗卫生服务体系，继续加强大病专项救治工作，扩大救治覆盖病种，落实"一站式"结算；三是努力实现城乡居民基本养老保险和医疗保险制度全覆盖，提高保险保障水平；四是完善农村基本住房保障政策，继续实施危房改造工程和农房抗震改造工作，同时鼓励通过统建农村集体公租房、修缮加固现有闲置公房、置换或长期租赁村内闲置农房等方式灵活解决特困群体基本住房安全。①

2. 财政加大农业补贴力度

一是继续实行农业保护补贴政策，按实际种植面积或产量进行补贴；二是继续实行农业价格保护政策，稳定农民收入；三是加大农机购置和更新补贴力度，提升部分重点机具补贴额，加快补贴资金兑付；四是加强农业防灾减灾和稳产增产关键技术的补助，同时针对自然灾害造成的损失提供补助和帮扶；五是继续实施畜牧良种补贴政策，同时继续实施动物疫病强制免疫补助。②

3. 财政加大生态补偿力度

武陵山区要建成"国际知名生态文化旅游区"和"长江流域重要生态屏障区"，就要努力成为国家生态补偿试点地区。一是加大实施退耕还林、防护林建设和石漠化治理等生态修复工程；二是建立健全武陵山片区流域性生态补偿机制，并通过市场机制引导企业进行生态补偿；三是按照自愿原则，整合生态移民、地质灾害搬迁和易地扶贫搬迁等项目，通过对口培训、定向定点招工等形式向中小城镇、工业园区移民。③

---

① 国务院扶贫办，国家发展改革委. 关于印发武陵山片区区域发展与扶贫攻坚规划的通知 [EB/OL]. （2013-04-12）. https://zfxxgk.ndrc.gov.cn/web/iteminfo.jsp? id = 1660；中华人民共和国中央人民政府. 关于进一步加强农村贫困人口大病专项救治工作的通知 [EB/OL]. （2018-09-20）. http://www.gov.cn/zhengce/zhengceku/2019-09/30/content_5435460.htm；住房和城乡建设部，等. 关于决战决胜脱贫攻坚 进一步做好农村危房改造工作的通知 [EB/OL]. （2019-07-29）. http://www.gov.cn/zhengce/zhengceku/2019-07/29/content_5454313.htm.

② 中共中央，国务院. 关于全面深化农村改革加快推进农业现代化的若干意见 [N]. 人民日报，2014-01-20(1)；农业农村部，财政部. 关于印发《2021—2023 年农机购置补贴实施指导意见》的通知 [EB/OL]. （2021-04-06）. http://www.moa.gov.cn/govpublic/CWS/202104/t20210406_6365311.htm.

③ 国务院扶贫办，国家发展改革委. 关于印发武陵山片区区域发展与扶贫攻坚规划的通知 [EB/OL]. （2013-04-12）. https://zfxxgk.ndrc.gov.cn/web/iteminfo.jsp? id = 1660.

二、促进财产净收入增长的财政支持体系

理论上，促进农民财产净收入增长的公共财政工具要能够改善农民生计资本。根据表 6-8，涉及农民财产净收入增长的生计资本包括耕地、林地和农村宅基地。政策主要对应的是农村产权改革，体现在农村土地承包政策、集体林权制度、宅基地管理制度和征地制度四方面。一是稳步推进农村承包地改革，规范土地流转，做好第二轮土地承包到期后再延长 30 年试点，稳妥扩大试点范围，同时积极推广农村承包土地的经营权抵押贷款。① 二是在不改变林地用途的基础上，农民可依法进行转包、租赁、转让、入股、抵押或者投资等经营行为。② 三是深化宅基地改革，完善宅基地管理制度和农村闲置宅基地和闲置住宅盘活利用政策。依法稳妥开展农民住房财产权(宅基地使用权)抵押贷款业务。四是深化农村集体产权制度改革，在具备条件的地区探索开展集体经营性建设用地使用权、农村集体经营性资产股份、农垦国有农用地使用权等抵押贷款业务。③

表 6-8　促进农民财产净收入增长的公共财政支持体系

		生计资本	公共财政增收政策
财产净收入	自然资本	耕地、林地等	支持农村土地承包经营权抵押贷款的财政政策等
	人力资本	无	无
	物质资本	宅基地	支持宅基地抵押贷款的财政政策
	金融资本	无	支持小额信用贷款的财政政策
	社会资本	无	无

① 农业农村部. 关于落实党中央国务院 2022 年全面推进乡村振兴重点工作部署的实施意见 [EB/OL]. (2022-04-01). http://www.moa.gov.cn/nybgb/2022/202203/202204/t20220401_6395154.htm.
② 中共中央，国务院. 关于全面推进集体林权制度改革的意见[EB/OL]. (2008-07-14). https://www.gov.cn/gongbao/content/2008/content_1057276.htm.
③ 中国人民银行，等. 关于金融支持新型农业经营主体发展的意见[EB/OL]. (2021-05-18). http://www.gov.cn/zhengce/zhengceku/2021/05/25/content_5611723.htm.

参 考 文 献

[1]樊胜根，邢鹂，陈志刚. 中国西部地区公共政策和农村贫困研究［M］. 科学出版社，2010：11.

[2]曹菲，聂颖. 产业融合、农业产业结构升级与农民收入增长——基于海南省县域面板数据的经验分析［J］. 农业经济问题，2021(8)：28-41.

[3]陈和午. 农户模型的发展与应用：文献综述［J］. 农业技术经济，2004 (3)：2-10.

[4]程名望，史清华. 个人特征、家庭特征与农村剩余劳动力转移——一个基于 Probit 模型的实证分析［J］. 经济评论，2010(4)：49-53，55.

[5]崔奇峰，周宁，等. 粮农综合补贴对农户种粮积极性的影响分析——以内蒙古太仆寺旗种植业农户为例［J］. 农业经济，2014(1)：69-72.

[6]丁忠民，玉国华，王定祥. 土地租赁、金融可得性与农民收入增长——基于 CHFS 的经验［J］. 农业技术经济，2017(4)：63-75.

[7]何宜庆，熊子怡，张科，胡兵. 政府推动型返乡创业能否促进农民收入增长？——基于双重差分的经验评估［J］. 湖南农业大学学报(社会科学版)，2022，23(4)：1-14.

[8]胡自然. 抓好扶贫开发 建设新农村［J］. 老区建设，2005(5)：12-13.

[9]黄柏权. 费孝通先生与"武陵民族走廊"研究［J］. 中南民族大学学报(人文社会科学版)，2010，30(4)：12-17.

[10]黄四海. 基于 Logit 模型返乡农民工外出务工意愿及影响因素分析——以陕西地区为例［J］. 广东农业科学，2011(2)：194-196.

[11]黄宗祥，徐伟. 秀山县生态环境问题及对策措施［J］. 三峡环境与生

态，2009，2(6)：1-3.

[12]贾立. 中国农民收入影响因素的实证分析[J]. 四川大学学报(哲学社会科学版)，2015(6)：138-148.

[13]靳庭良. 粮食主产区农户种粮意愿及其影响因素分析[J]. 统计与决策，2013(17)：91-95.

[14]黎春生，揭志贤，何健. 对城乡发展一体化中农业开发和农村基础设施建设贷款的思考[J]. 农业发展与金融，2013(6)：31-34.

[15]李谷成，李烨阳，周晓时. 农业机械化、劳动力转移与农民收入增长——孰因孰果？[J]. 中国农村经济，2018(11)：112-127.

[16]李光明，孙明霞. 户籍制度、就业风险、就业环境对维吾尔族农民外出务工的影响[J]. 江苏农业科学，2014，42(5)：444-447.

[17]李树苗，梁义成. 退耕还林政策对农户生计的影响研究——基于家庭结构视角的可持续生计分析[J]. 公共管理学报，2010，7(2)：1-10.

[18]李晓龙，郑威. 农民收入影响因素的理论、实证与对策[J]. 中国农业资源与区划，2016，37(5)：90-95.

[19]李兴绪，刘曼莉，陈贻娟. 西南边疆民族村农户收入及其影响因素分析[J]. 云南财经大学学报，2009(6)：83-91.

[20]李振国. 政府加大农民收入分配调节力度研究[J]. 经济学家，2006(5)：58-64.

[21]梁东. 加快发展小额信贷扶贫 探索扶贫开发有效政策机制[J]. 金融经济，2010(12)：143-145.

[22]廖翼. 地理标志农产品发展对农民收入增长的影响——空间溢出效应与地区异质性[J]. 湖南农业大学学报(社会科学版)，2021，22(2)：26-33.

[23]刘杨，吴孔勇. 新型农村社会养老保险实施情况调查研究——以湖南省两个民族自治县为例[J]. 安徽农业科学，2013，41(1)：362-363，366.

[24]刘洋，颜华. 县域金融集聚、农业机械化与农民收入增长——基于河

南省县域面板数据的经验分析[J]. 农业技术经济，2021(12)：60-75.

[25]齐文浩，李明杰，李景波. 数字乡村赋能与农民收入增长：作用机理与实证检验——基于农民创业活跃度的调节效应研究[J]. 东南大学学报(哲学社会科学版)，2021，23(2)：116-125.

[26]石声萍. 农业外部性问题思考[J]. 宏观经济研究，2004(1)：41-42，46.

[27]孙凤莲，王忠吉，叶慧. 林木生物质能源产业发展现状、可能影响与对策分析[J]. 经济问题探索，2012(3)：149-153.

[28]邰秀军，杨慧珍，陈荣. 地理标志农产品产业化的减贫增收效应——基于山西省 110 个县的实证分析[J]. 中国农业资源与区划，2017，38(6)：144-149，225.

[29]陶雪娟，杜辉，杨红. 沪郊农户的种粮意愿及其影响因素分析——基于大城市粮食安全供给角度[J]. 上海农业学报，2013，29(4)：102-106.

[30]李俊杰，马楠. 习近平关于加强和改进民族工作重要思想的时代价值与实践路径[J]. 民族研究，2021，254(6)：1-11，134.

[31]田兰，田华咏. 论武陵土家药物资源生态区的建立与保护[J]. 中国民族医药，2008(12)：33-35.

[32]冯梦黎，胡雯. 不同贫困程度农民生计能力对收入结构的影响[J]. 统计与决策，2021，37(03)：25-29.

[33]郭君平，宁爱照，曲颂. 参与式社区综合发展"益贫"还是"溢富"？——基于精准扶贫和收入分配效应视角[J]. 农业经济问题，2017，38(10)：52-62.

[34]李玉恒，宋传垚，阎佳玉，刘彦随. 转型期中国农户生计响应的时空差异及对乡村振兴战略启示[J]. 地理研究，2019，38(11)：2595-2605.

[35]孙晓一，徐勇，汤青. 黄土高原半城镇化农民非农生计稳定性及收入差异分析[J]. 人文地理，2016，31(3)：81-87.

[36]王晓鸿，范志雄，曹子坚. 贫困地区农户生计选择、农民增收的差异性研究——基于田野调查的实证数据分析[J]. 干旱区资源与环境，2020，34(6)：28-34.

[37]王晓燕. 民族地区农民增收难的原因与对策分析——基于贵州省黔南州农民增收现状的分析[J]. 安徽农业科学，2010，38(27)：328-330.

[38]韦芳. 民族地区移民扶贫存在的问题及原因[J]. 安顺学院学报，2010(3)：76-78.

[39]夏龙，姜德娟，隋文香. 中国地理标志农产品的空间分布与增收效应[J]. 产经评论，2015，6(1)：78-91.

[40]谢秋山，马润生. 可替代收入渠道、家庭劳动力剩余与农村居民务农务工选择[J]. 人口与经济，2013(3)：90-96.

[41]徐孝勇，赖景生，寸家菊. 我国西部地区农村扶贫模式与扶贫绩效及政策建议[J]. 农业现代化研究，2010(2)：161-165.

[42]杨晶，丁士军，邓大松. 人力资本、社会资本对失地农民个体收入不平等的影响研究[J]. 中国人口，2019，29(3)：148-158.

[43]杨骁. 少数民族地区农民收入增长的制约因素分析——以阿坝州为例[J]. 阿坝师范高等专科学校学报，2010，27(3)：21-23.

[44]姚旭兵，罗光强，黄毅. 区域异质性：农村人力资本与农民收入增长[J]. 华南农业大学学报(社会科学版)，2015，3(14)：79-91.

[45]叶慧，张义. 集中连片特困地区贫困测度与反贫困策略研究——以湖北省宣恩县为例[J]. 新疆农垦经济，2013(8)：63-65，81.

[46]叶慧. 民族地区农民增收问题研究——以武陵山片区34县市为例[J]. 民族论坛，2013(10)：79-83.

[47]叶慧. 生计资本框架下公共财政政策对农民收入影响分析——基于重庆市两个少数民族贫困县的调查[J]. 中南民族大学学报(人文社科版)，2015(1)：114-119.

[48]叶慧. 生计资本框架下公共政策对农民外出务工行为影响分析——基于重庆市两个国家级贫困县的调查[J]. 农村经济与科技，2015(4)：

164-167.

[49]叶慧.我国民族贫困地区新型农村合作医疗制度实施状况调查——以贵州省若干农户为例[J].中南民族大学学报(人文社科版),2011(2):136-140.

[50]叶慧.影响武陵山区农民增收的生计资本因素研究[J].北方经济,2013(8):3-5,27.

[51]叶慧,陈君理,杨海晨.民族地区高质量发展水平测度与发展路径研究[J].北方民族大学学报,2022(5):146-152.

[52]叶慧,杨海晨.自治州农产品品牌发展现状与提升策略[J].中南民族大学学报(人文社会科学版),2021,41(10):48-55.

[53]叶慧.少数民族发展资金使用绩效评价及优化[J].西南民族大学学报(人文社科版),2019,40(2):132-140.

[54]叶慧,陈敏莉.国家级贫困县整合财政涉农资金的问题及对策——基于湖北省A县的案例研究[J].中国行政管理,2017(9):101-105.

[55]尹黎明,等.湘西自治州的水土流失及防治对策[J].中国水土保持,2012(1):21-23.

[56]张广辉,张建.宅基地"三权分置"改革与农民收入增长[J].改革,2021(10):41-56.

[57]张广胜,周娟.农民外出务工影响因素的实证研究[J].农业经济问题,2009(3):37-42.

[58]张海霞.电子商务发展、非农就业转移与农民收入增长[J].贵州社会科学,2020(10):126-134.

[59]赵小风,李娅娅,赵雲泰,田志强.基于地理探测器的土地开发度时空差异及其驱动因素[J].长江流域资源与环境,2018,27(11):2425-2433.

[60]中华人民共和国乡村振兴促进法[J].新疆农垦科技,2022,45(1):73-74.

[61]朱洪跃.财政支农对我国农民收入的影响及政策趋势分析[D].东北财

经大学，2010：9.

[62] 史建华. 重庆市财政支农对农民收入的效应研究[D]. 西南大学，
　　 2012：18，26-27.

[63] 侯晓博. 财政支农对农民收入影响的省域差异性分析[D]. 广西师范大
　　 学，2011：10.

[64] 中共中央 国务院关于全面深化农村改革 加快推进农业现代化的若干
　　 意见[N]. 人民日报，2014-01-20.

[65] 朱扬. 宣恩村级扶贫互助社试点发展迅速[N]. 恩施日报，2011-12-05.

[66] 中共中央 国务院关于加快发展现代农业 进一步增强农村发展活力的
　　 若干意见[N]. 人民日报，2013-02-01.

[67] 向竹清. 农民资金互助合作社：还有多少路要走？[N]. 恩施日报，
　　 2009-04-28.

[68] 田勇. 关于落实武陵山片区区域发展规划 打好新一轮扶贫开发攻坚战
　　 的思考[N]. 铜仁日报，2012-05-31.

[69] 林毅夫. 中央财政支持"三农"的可行方式[N]. 21 世纪经济报道，
　　 2003-03-13.

[70] 《"十四五"全国农产品产地市场体系发展规划》印发[N]. 中国渔业
　　 报，2022-03-21.

[71] 覃敏笑. 我省各地加大金融创新助推跨越发展[N]. 贵州民族报，
　　 2013-06-17.

[72] 段羡菊. 农村改革"试验田"湄潭"试"得怎么样了[N]. 新华每日电讯，
　　 2021-08-17.

[73] 《中共中央 国务院关于做好 2022 年全面推进乡村振兴重点工作的意
　　 见》发布[N]. 中国文化报，2022-02-23.

[74] 杨春. 2013 年连片特困区蓝皮书发布[N]. 南方日报，2013-03-21.

[75] Davis B，Winters P，Carletto G，et al. A Cross-Country Comparison of
　　 Rural Income Generating Activities[J]. World Development，2010，38
　　 （1）：48-63.

[76] Sinha A A, Behera H C, Behura A K, et al. Livelihood Assets and Income Generating Activities: A Comparative Analysis in the Scheduled and Non-Scheduled Areas of Jharkhand [J]. Indian Journal of Human Development, 2021, 15(3): 443-467.

[77] Kashiwa Chiba. Impact of Farmer Field Schools on Agricultural Income and Skills[J]. Journal of International Development, 2013, 25(1): 71.

[78] Ming Ming Sua, Geoffrey Wallb, Yanan Wangc, et al. Livelihood Sustainability in a Rural Tourism Destination-Hetu Town, Anhui Province, China[J]. Tourism Management, 2019, 71(1): 45-47.

后　记

　　武陵山区是"扶贫攻坚示范区""跨省协作创新区""民族团结模范区""国际知名生态文化旅游区""长江流域重要生态屏障"。党的十八大以来，增加农民收入成为我国"三农"工作的中心任务，通过一系列减贫困促发展的战略和政策，武陵山区农村居民收入得到大幅提高。2021年该地区农村居民人均可支配收入达到14176元，是2013年6314元的2.2倍，年均增长10.4%，与全国相比呈加速增长态势。为研究2012年以来武陵山区农民收入增长情况及公共财政支持的经验做法，本书依托2011年国家社会科学基金一般项目、2021年湖北省民宗委委托项目和2023年中南民族大学中央高校基本科研业务费专项项目（CSZ23012），加上多年对武陵山区调研心得，得以完成本书的撰写。

　　本书内容分为六章，包括我国及武陵山区农民收入增长状况、公共财政与农民增收的内在关联、公共财政对农民各类收入增长的影响效应、全面建成小康社会后财政支持农民增收的村庄调查、公共财政支持农民增收的武陵模式、武陵山区农民增收的公共财政支持体系。在本书20万字的撰写工作量中，叶慧教授设计了研究框架及书稿撰写和统稿工作，博士生杨海晨和李丹各撰写了5万字，其中杨海晨参与了第三章和第四章的撰写，李丹参与了第二章和第五章的撰写。由于研究能力和研究时间有限，书中不妥之处在所难免，恳请读者批评指正。

　　衷心感谢对本书相关研究及编写做出贡献的人员和机构，感谢出版社在书稿审校和修订中付出的辛苦劳动，感谢国家社科基金委、湖北省民宗委和中南民族大学提供的项目研究资助，感谢调研区域相关部门的大力协作，感谢中南民族大学公共管理学院、经济学院及湖北民族地区经济社会发展研究中心、中南民族大学公共政策与社会保障研究团队的支持！

　　最后，衷心祝愿武陵山区经济社会发展能不断前进，也希望我们的研究成果能为武陵山区所在的三省一市乃至中西部地区同步实现现代化做出力所能及的贡献！

2023 年 3 月